老子大不肖

老子其人其书的历史化解读

蒙木 著

长江出版传媒 崇文书局

图书在版编目（CIP）数据

老子大不肖 / 蒙木著. -- 武汉：崇文书局，2024.
12. -- ISBN 978-7-5403-7802-8

Ⅰ．B223.1-49

中国国家版本馆CIP数据核字第202455DF42号

责任编辑　王　璇
封面设计　甘淑媛
责任校对　董　颖
责任印制　邵雨奇

老子大不肖
LAOZI DABUXIAO

出版发行	长江出版传媒　崇文书局
地　　址	武汉市雄楚大街268号C座11层
电　　话	(027)87679712　邮政编码　430070
印　　刷	湖北新华印务有限公司
开　　本	880mm×1230mm　1/32
印　　张	9.625
字　　数	164千
版　　次	2024年12月第1版
印　　次	2024年12月第1次印刷
定　　价	68.00元

（如发现印装质量问题，影响阅读，由本社负责调换）

本作品之出版权（含电子版权）、发行权、改编权、翻译权等著作权以及本作品装帧设计的著作权均受我国著作权法及有关国际版权公约保护。任何非经我许可的仿制、改编、转载、印刷、销售、传播之行为，我社将追究其法律责任。

传吴道子老子像碑（苏州玄妙观）

〔北宋〕晁补之 《老子骑牛图》

〔元〕赵孟頫《老子像》

〔明〕张路《老子骑牛图》

内容简介

　　《汉书·艺文志》主张："道家者流，盖出于史官。"一般认为《道德经》的作者是老聃，做过周朝的"守藏室之史"，相当于今天的中央档案馆或者国家图书馆的管理员，确是史官一类的职务。近人章太炎认定道家源出史官，还指出《老子》亦多政治语。今人李泽厚《中国古代思想史论》也有类似的观点。笔者认为，通过中国的历史哲学和传统政治哲学来考察，《老子》是比较亲切明白的。

　　鉴于王弼本的流行和实际影响，本书仍然以王弼本为底本，其文字歧义难解的地方通过马王堆帛书本校正，因为马王堆帛书本甲本显系刘邦称帝之前（秦汉之交）的版本，马王堆帛书乙本对甲本的错讹又多有修正；而郭店楚简本是更早的版本（战国中期偏晚），虽然所收不全，但郭店楚简本对于探索《老子》本意大有助益，可以进一步廓清马王堆帛书本的迷雾；同时参考北京大学藏西汉竹书本、河上公本、傅奕本。这样，《老子》一书基本可以不依赖繁难的训诂学、文字学等手段而清晰明了。但《老子》的本意是一回事，它的影响又是另一回事。河上公本和王弼本的影响是我们思想文化一个实存的传统，新加坡陈金梁教授著有《道之二解》,进行过梳理。本书尊重这个实存的传统,依王弼本逐章解读,带着相对清晰的逻辑和比较具体的史实,让《老子》文本所指"活起来"。同时通过注释等,揭示后来诸多重大改动带给《老子》的更丰富的意涵。

《老子》传承着大量先贤思想,所以和现存文献中记录的商汤、文、武、周公、姜尚、管子等人的思想有不少互证。本书"章读"部分多取鉴于与老子年代稍近的尹文、田骈、慎到、彭蒙、计然、范蠡、商鞅、韩非等人的理论。为了读者更好体会《老子》蕴含的历史哲学与政治哲学,本书解读大量引证秦汉及之前的言论与史事,西汉黄老治国的那段故事,亦在引用之列。本书注释也尽可能依托字词本义,不取汉代之后的义项。

尽管有了出土的郭店楚简本、马王堆帛书本、西汉竹书本等新材料,但给《老子》定本还是不可能完成的任务。本书第二部分"《老子》整理本"尽可能恢复《老子》传抄过程中的讳字,以及虚词的微妙使用;同时将它分为道篇、德篇、圣篇、治篇,以应和《老子》一书的哲学、历史、伦理、管理学等不同面向,也便于读者集中思考相关问题。所谓整理,并非要还原《老子》原本,而是仍然尽量保留通行本易于记诵和扩大内涵的优点,让《老子》变得更为易懂,免得普通读者陷入字词训诂的陷阱。希望不具备强大文言文基础的读者能通过阅读此整理本,读出属于自己的感悟。

　　读书，知其人论其世。老子生平可资信的内容寥寥，本书最后部分将司马迁传写的老子故事一一梳理，横向参照历史，勾勒与老子相关的时势大事件，这对于我们了解老子思想是大有助益的。

目　　录

第一部分　老子简历 …………………………… 1
第二部分　《老子》章读 ………………………… 7
第三部分　《老子》整理本 ……………………… 243
第四部分　《史记》老子事迹钩沉 ……………… 269
后　　记 ………………………………………… 297

第一部分 老子简历

老子，也称老聃，豫州厉乡人，生于涡水之滨。《史记》说他姓李氏，名耳，字曰聃；一说字伯阳。《老子铭》说他姓李，字伯阳，样子很老，所以叫老聃。有学者认为李氏晚出，老子该姓老，大耳垂，所以叫老聃。

他很长寿，《史记》说他大概活了百六十余岁，一说他活了二百余岁。老子具体生卒年不可考。因为他比孔子（前551—前479）年长，胡适认为也不过大孔子二十岁，至多活九十多岁。大多数学者采信胡适，基本上把老子的生活年代定在公元前571—前471年这百年间，时值春秋后期。

厉乡，上古厉国一度迁于此地，故名。属今天河南鹿邑，淮河流域中部偏北（在春秋时代，对于华夏文明而言，此地蛮夷杂处，已经算南方了）。此地在老子生活的年代本属陈国，老子亲历了陈哀公至陈惠公的时代，但那时陈国已沦为楚国附庸，所以司马迁写老子为楚国苦县人。《老子铭》说老子楚相县人，大概因为行政区划的变迁，厉乡曾经隶属于苦县，又曾隶属于相县。老子也许早年生长于陈成公的年代，当时周灵王在位。周灵王统治时期，周朝王权衰落，诸侯纷争，历史重大事件有弭兵会盟、晋楚争霸。后来老子到洛阳任周朝守藏室史官，做国家档案、图书、博物馆的管理工作，也主持一些礼仪相关的事务。这个职位，属于祝史百工之流，地位不高，但对于祭祀的礼仪、天象的变化、周朝国史和各地管理情况都必须了然于心。孔子和南宫敬叔一起来周朝问礼，拜望过老子。

周灵王的儿子周景王统治时期，值郑国子产新政。公元前520年周景王去世，他破坏祖宗规矩，想让庶出的王子朝接班，但没安排妥当就死了。这引发周朝内乱，晋国人帮助王子匄上位，就是周敬王。王子朝被迫逃奔楚国求庇护，顺便把守藏室的一些文档典籍都卷走了。老子因此失业，归居陈国，见证了伍子胥复仇和孙武伐楚、秦哀公帮助楚国重建、陈怀公客死吴国等历史大事件。这时候显见陈国与楚国都不太平。老子在家乡附近游历，又到了沛地（据《水经注》，涡水下游即沛地。据《路史》，古沛国故址相邑在今安徽淮北市相山区）。厉乡和沛地处于楚、陈、吴、宋之交，也是一天比一天乱，几经权衡，偏居西隅的秦国相对来说比较安定，那里还是周的旧地，可以考察周朝的立国史，所以他决定去那里度过余生。在一个城关关口，老子被一个叫喜的守关大夫挽留下来。喜（后世尊为关尹子）给他提供良好的写作条件，老子写下了五千多字、分为上下篇的书。老子终老秦国。他善于护养自己的生命，应该是无疾寿终的，但有年老者像哭儿子一样哭他，有年轻者像哭母亲一样哭他，一个叫秦佚的朋友认为那"遁天倍情"，老子安时处顺，不会赞成这样未必发自本心的俗礼，所以象征性地嚎三声就出来了。今天西安市西七十多公里的周至县东南大陵山峪河西岸有老子墓。

老子本是隐遁的君子，不求闻达，神龙见首不见尾，事迹模糊，传说很多，以至于有人把孔子同时代的老莱子、孔子死后一百多年的周太史儋也称为老子，但他们和五千言的《道德经》没有关系。

老子师承不可考，有人说他学于商容（或写作常摐），留下了"舌存齿亡"的成语典故。他的受业弟子也难以细考，但其观点"老聃曰""老聃有言曰""老子曰"被很多人称引。在战国中期已经有老子语录的文本流传，称为《老子》《老氏》《老子五千文》《老经》《道德经》《德道经》等，异名众多。一般认为关尹子、杨朱、列子、庄子都是他思想的传人，形成了道家学派。在庄子笔下，老子与关尹子并称。魏晋之后，老子多与庄子并称"老庄"，促进了士人个体的觉醒。彭蒙、田骈、慎到、环渊、宋钘、尹文等稷下学人，申不害、荀子、韩非、计然、范蠡等，都从老子思想中汲取营养，他们把老子与黄帝并称"黄老"。后来张良、陈平、曹参等将黄老一脉发扬光大，汉初用黄老思想治国，大约是外道内法。东汉末逐渐形成的道教，也把老子奉为教祖，称"太上老君"，奉老子的书为经典。事实上，道教把道家学说与古代社会的鬼神祭祀、神仙方术以及厌胜禁忌等巫术结合起来，与老子本人并无本质关联，但因此产生了更多老子的传说，使得真实的老子更加扑朔迷离。

　　文本流传的老子语录，大概有多种，《老子》一书也不断经后人改窜。众多版本中，宋之前河上公本流行最广，此后王弼本最为重要。1973年马王堆帛书本出土，1993年郭店楚简本出土，为我们认识老子其人其书带来了更多可信的资料。

第二部分 《老子》章读

凡　例

一、本书文本以王弼本《老子》为底本，以郭店楚简本、马王堆帛书甲乙本、北京大学藏西汉竹书本等校正。

二、（　）内用楷体字者，为疑王弼本误和衍的字句，建议读者直接略而不读；

三、[　]内用正文字体者，为疑王弼本有错而改正和误脱而当补的字句，建议读者直接读。

01

  道可道，非常道。[①]**名可名，非常名。无名，天地之始。有名，万物之母。**

  故常无欲，以观其妙。常有欲，以观其徼。[②]**此两者同出而异名，同谓之玄。**[③]**玄之又玄，众妙之门。**[④]

  ①常，本"恒"字，后避汉文帝刘恒讳，改作"常"。恒，经常，寻常的意思。《说文解字》："常也。从心从舟，在二之间上下。"《左传·文公二年》："楚国之举，恒在少者。"《礼记·大学》："用之者舒，则财恒足矣。"《孟子·告子下》："人恒过，然后能改。"有人释常/恒为永恒、永远，则全章意思大变。"财恒足""人恒过"，不能解释为财永远足，人永远犯错误。若《老子》开篇即谈永恒，古远又不可道，玄而又玄，太适合玄谈，乃至扯闲了，识者不取。

  ②徼（jiào），边际。《玉篇》："边徼也。"王弼注："徼，归终也。"《尹文子·大道上》："故穷则徼终，徼终则反始。"《列子·天瑞》："死也者，德之徼也。""徼"或读为"皦"，光明；又作"敫"，光景流也。马王堆帛书本作

"所噭"，噭，呼也。憨山注《老》："常，犹寻常也。欲，犹要也。老子谓，我寻常日用安心于无，要以观其道之妙处。我寻常日用安心于有，要以观其道之徼处。"

③玄，幽深、神妙。

④《文子·道原》："老子曰：万物之总，皆阅一孔；百事之根，皆出一门。"

郭店楚简本此章不存，根据马王堆帛书甲乙本《老子》，裘锡圭先生还原《老子》此章为：

道，可道也，非恒道也。名，可名也，非恒名也。无名，万物之始也。有名，万物之母也。[故]恒无欲也，以观其妙。恒有欲也，以观其所噭。此两者同出，而异名同谓。玄之又玄，众妙之门。

翻译为白话是：道是可以说的，但所说出来的这个道并不是平常的道。我们可以对这个道进行命名，但这个名，也不是平常的命名。无名，是上天孕育万物之前的状态。有名，是我们认识万物的根本前提。所以通常不带主观欲念，以观察万物的奥妙。通常带着具体诉求，以观察我们给万物的命名是否合适。有名、无名，都出自道，但使用的概念不大一样罢了。真是高深难测，众多奥妙都从此而来。

长久以来，尤其是魏晋之后，大家多是根据王弼本或者河上公本进行讨论，把常（恒），理解为恒久不变。因此大致意思是：可以说的"道"，并不是恒久不变的道。可以指称的"名"，也并不是恒久不变的名。"无名"，天地本来就是这个样子（"始"）。"有名"，是我们认识万物的开端（"母"）。所以，不要怀着个人的欲求，来观察道的奥妙；要带着明确的欲求，来观察道的适用范围和界限。"始"和"母"，有着共同的根源，只是称呼不一样。这个共同根源叫"玄"，很深奥，众妙的法门真是玄而又玄，太深奥了。

《老子》在传抄过程中，很多虚词被省略，以致歧义丛生。古汉语虚词本来就非常微妙，同一个虚词不同义项的内在逻辑甚至可能朝完全相反的方向走。其好处是扩大了语言的能指，坏处是所指愈加不明。

前解开宗明义，讲哲学意义上的道，讲如何用概念来表述道。后解虽然支离矛盾，但这形成了一个实存的传统，各家从中各取所需。总而言之，前解或近于《老子》原意，但大家普遍接受的是后解。两解最为重要的差别首先就是：道能不能表述、怎样表述。

古代知识是由贵族垄断的，知识的载体简册竹帛都是昂贵而稀有的财富。老子在朝为官，负责周王朝宫廷图书的管理工作，有难得的优渥读书条件，所以他知识远超常人。他的讲说对象是帝王或者诸侯，那么，他阐述的道，用班固的话说，是"君人南面之术"。高亨《老子正诂》解说"域中有四大，而王居一焉"："《老子》实侯王之宝典，老子哲学实侯王之哲学也。读老子书者先明乎此，兹揭而出之。"徐梵澄《老子臆解》说："老氏之道，用世道也。将以说侯王，化天下。"帝王之道、帝王术，说白了就是怎样做老大。其中门道很多，有些可以公开宣讲，有些不宜公开讲清楚。第36章说"国之利器不可以示人"，学"黄老道德之术"的稷下道家学派尹文子说："术者，人君之所密用，群下不可妄窥。"严遵《老子指归》说，如果"万民知主之所务，天下何以安？"

我们传统认为顺天应人的汤武革命也从来不是自然而然实现的。周自季历开始谋伐商，所以被商王杀死。季历的儿子西伯昌自忖实力不够，便表面向商王妥协，悄悄发展，最后"三分天下有其二"。但他没来得及称王就死了，后世追认他为周文王。文王死后，他的儿子周武王念念不忘父亲遗志。《逸周书》载，周武王做梦都想翦灭商，取而代之。一次，他梦见周代商的图谋被泄露了，他想再次讨好商纣王却找不到门道，就地称王还是实力不足，一下子吓醒了，赶紧找弟弟周公来商议。周公给他说："敬守天命，遵循古道就可以称王。克明六德，远近有才是用，不给老虎增添翅膀，不骄傲，不吝惜财物，就天下无敌了。"周武王说："好吧，我听说，'维乃予谋，谋时用臧，不泄不竭，维天而已'。咱们恭恭敬敬，每天从一早开始就谨慎从事吧。"也就是说，只有预先周密谋划，因时而动效果才好。既不泄露也不匮竭，只有天啊！这个故事，表明王者之道的讨论，是有严格界限的，它的实现需要"谋"、"敬"和"慎"，至于那公开声称的王者之道，就是另一回事了，不是常道。所谓谋，首先就是要认识到世界是变动不居的，我们必须学会"观"，观什么、怎么观，这就是"几"。见微知著，一件事刚有苗头，就努力弄清它发生发展的路向，见机行事。马王堆出土帛书《道原》："圣人能察无形，能听无[声]。"《韩非子·解老》篇说："凡理者，方圆、短长、粗靡、坚脆之分也，故理定而后可得道也……圣人观其玄虚，用其周行，强字之曰道。然而可论。"在韩非子这里，道还是可以言说的。唐玄宗注《老子》说："圣人说经，本无避讳，今世为教，则有嫌疑。"

把所观察到的抽象敷衍成为一个理论，需要逻辑和概念，这就是"名"。关于"名"，后来有名家学派，这个学派既是关于认识论的，也是政治的。《黄帝四经·论约》说："故执道者之观于天下也，必审观事之所始起，审其形名。"王弼《老子指略》："夫不能辩名，则不可与言理；不能定名，则不可与论实也。"这是认识论的。子路问孔子："如果您有机会在卫国执政，首先要做的是什么呢？"孔子说："必也正名乎。"孔子还说："名不正，则言不顺；言不顺，则事不成……故君子名之必可言也，言之必可行也。"

孔子所谓"名"就是"君君臣臣父父子子"的纲常,大家各守职分,不僭越,这是政治的。尹文子说:"君不可与臣业,臣不可侵君事。上下不相侵与,谓之名正。"(《尹文子·大道上》)名家代表人物邓析、惠施等都和法律工作有关联,酷肖后代的绍兴师爷。他们都强调"名"与"实",反对儒家"法先王"及其繁琐礼仪,主张实事求是的"变"。计然著《文子》说:"老子曰:夫事生者应变而动,变生于时,知时者无常之行。故'道可道,非常道也;名可名,非常名也'。"定名分,是后来法家特别强调的,彭蒙说:"雉兔在野,众人逐之,分未定也;鸡豕满市,莫有志者,分定故也。"各守职分,上下相安,才有健康的秩序。问题是:这个名分,由谁来确定呢?当秩序偏离正常时,谁来纠偏?汉代用察举制,曹魏用九品中正制选拔人才,使得把持品第人物话语权的地方大族势力膨胀,形成绵延几百年的士族门阀制度。

有了逻辑和概念,一个理论能否被清楚阐释呢?这牵扯到哲学与生活、哲学与语言问题。哲学往往就人的应然状态讨论,脱离了人的自然态;哲学与语言问题涉及我们聚讼纷纭的"言意之辩":日常语言是否能够充分表达哲学问题?这里提醒我们:务必首先搞清楚我们所谓的问题是事实问题,还是语言问题。维特根斯坦《逻辑哲学论》提出:"能说明白的,尽量明白说;不能说明白的,则只有沉默。"鲁迅《野草·题辞》:"当我沉默着的时候,我觉得充实;我将开口,同时感到空虚。"《老子》本章被传世文本列为首章,是意味深长的,也许可以作为一个修辞来理解。我们谈论一件事经常开头说——"这个这个,怎么说呢""说了你也不知道";古文家韩愈《原道》批老子用了类似表述:"其所谓道,道其所道,非吾所谓道也。其所谓德,德其所德,非吾所谓德也。"这同维特根斯坦所强调的一样:只对那些有同样思考的人言说。思考问题不在一个频道上是无法有效对话的。《韩非子》有《难言》篇:"则愚者难说也,故君子难言也。"他举了比干说纣王、伍子胥说夫差、商鞅奔秦、吴起奔楚等一串血淋淋的故事。伊尹说汤、姜子牙说文王、管仲说齐桓公,包括后来诸葛亮说刘备、魏徵说李世民,之所以千古流传,就是因为这是稀有的"至智说至圣",难得至圣"有雅量"。

《韩非子》还有《说难》篇:"凡说之难,非吾知之有以说之之难也,又非吾辩之能明吾意之难也,又非吾敢横失而能尽之难也。凡说之难:在知所说之心,可以吾说当之。"韩非子接着的话不禁让人毛骨悚然:"事以密成,语以泄败。"他举的例子是:郑武公想讨伐胡人,所以先把女儿嫁给胡人的君主以讨好他们,还表演性地询问大臣们:"我想打仗,你们说咱打谁?"大夫关思齐回答说:"可以打胡人。"武公做出生气的样子,说:"胡人,是我们的兄弟。

你胆敢说要打人家？"索性把关思齐杀了。胡君听到这事儿很欣慰，认定郑国待自己不错，所以对郑国没有戒备。后来郑武公突袭胡人，大获全胜。知道了自己该装作不知道的事，挑明了侯王心底的小心思，特别危险。《文子·微明》："故事或可言而不可行者，或可行而不可言者。或易为而难成者，或难成而易败者。"具体政事的得失，不能公开讨论，这是中国古代政治的缺点。即使孔子也说："乱之所生也，则言语以为阶。君不密则失臣，臣不密则失身，机事不密则害成。是以君子慎密而不出也。"为君之道不可说，竟然成为我们几千年的传统。

02

天下皆知美之为美，斯恶矣；皆知善之为善，斯不善已。故有无相生，难易相成，长短相较，高下相倾，音声相和，前后相随。

是以圣人处无为之事，[1]行不言之教。万物作焉而不辞。[2]生而不有，为而不恃，[3]功成而弗居。夫唯弗居，是以不去。

[1]圣人，指遵循道的侯王，这个概念和儒家所谓圣人

意思差别很大。

②辞，拒绝。不辞，不拒绝，意思同于第 27 章"圣人常善救人，故无弃人；常善救物，故无弃物"。郭店楚简本、马王堆帛书甲乙本"不辞"均作"弗始"。始，治理的意思；弗始，高明释作不造作事端。郭店楚简本、马王堆帛书甲乙本均没有随后的"生而不有"，下文"不恃""不去"的"不"，亦均作"弗"。

③恃，矜持。《吕氏春秋》："士有孤而自恃，人主有奋而好独者。"不恃，郭店楚简本、马王堆帛书甲本均作"弗志"。志，记也，也有记述的意思。弗志，可以理解为不住心。

郭店楚简本存有本章，作：

天下皆知美之为美也，恶已；皆知善，此其不善已。有无之相生也，难易之相成也，长短之相形也，高下之相盈也，音声之相和也，先后之相随也。是以圣人居无为之事，行不言之教。万物作而弗始也，为而弗志也，成而弗居。夫唯弗居也，是以弗去也。

提倡什么，就缺少什么。每个人都明白了什么是美，那么就有了隆鼻、拉皮、瘦脸等手术；有了善的标准，伪善也就多起来。这就像纯净水和矿泉水都是有具体标准的，那么我们就可以照此生产，日日饮用取代自然水吗？东汉以风俗淳美著称，末流所及，到桓帝时，"举秀才，不知书。举孝廉，父别居"，"假作真时真亦假"；再后来，阮籍、嵇康等狷介士人便耻于以儒者自居了。魏晋玄谈，便是对这种是非颠倒的标准的抗拒。也就是在这时候，《易》《老》《庄》并称"三玄"，《老子》被臆会甚至改动甚多，以符合时流。

有和无，难和易，长和短，高和下，音和声，前和后，这些都是相对的概念，需要在比较中判别；它们还可以在一定条件下相互转化。也就是说，人有了分别心，然后才会生出种种相对的名。第40章概括说："反者道之动。"本章承上第1章讲了"玄"与"变"，如何处变？圣人要"处无为之事"，"行不言之教"，这大约是第40章所概括的"弱者道之用"。

什么叫"无为"？大致可以理解为"不妄为"，也就是说不折腾（"治大国若烹小鲜"），不显摆（"功成弗居"）。"无为之事"就是那些不违背"道"运行规律的事。"无为"歧义繁复。稍后的《文子·上义》解读说："无为者，非谓其不动也，言其[莫]从己出也。"在政治上，无为与专制，一纸之隔。我们常常把黄帝设想为一个无为的至人，《史记》写他："天下有不顺者，黄帝从而征之，平者去之，披山通道，未尝宁居。""未尝宁居"意思是席不暇暖，从来没有安定过。马王堆出土的《黄帝四经》也刻画了黄帝明显的法家风貌。另,《国语·鲁语下》借孔子之口讲大禹故事:"昔禹致群神于会稽之山,防风氏后至,禹杀而戮之。"防风氏开会迟到,大禹没有顾念防风氏治水、立法之功,直接杀死他。为了立威,拿伙伴开刀,这也算"无为之事""不言之教",教那些做臣子的时刻记住谁是老大。

"不言之教",除了杀鸡骇猴、以儆效尤外,也可以宽泛理解为,不是那种一是一、二是二的具体而繁琐的规定,而是根据听者不同素质进行潜移默化地引导。俗话说"身教"胜于"言教",也就是说利用以身作则垂范的力量、榜样的力量。司马迁赞李广"桃李不言,下自成蹊""其身正,不令而行",这里的要义是不说空话、大话、套话。说真话的确有时非常困难,姑且沉默,用行为为自身说话,也是一种智慧。

"万物作焉而不辞""生而不有",就是"无为之事"。任万物生长,不要肆意干预它们,为它们的生长创造好的环境,不要总怀着占有之心。

"功成而弗居",有功劳但不要因此沾沾自喜,而生骄奢之心。这也是"不言之教"。最为著名的例子是周公随兄长武王伐纣,而后又辅佐侄子成王,"一年救乱,二年克殷,三年践奄,四年建侯卫,五年营成周,六年制礼作乐,七年致政成王"。天下大局已定,他就继续本分地做臣子。他给儿子说:"德行宽裕,守之以恭者荣;土地广大,守之以俭者安；禄位尊盛，守之以卑者贵；人众兵强，守之以畏者胜；聪明睿智，守之以愚者哲；博闻强记，守之以浅者智。夫此六者，皆谦德也。"后来孔子感慨："如有周公之才之美，使骄且吝，其余不足观也已。"

我们每一个人都是或贵或贱的器皿，必须保持空虚（不盈），才能接纳天意，以成全或大或小的事功。《左传·僖公二十四年》载介子推的话说："窃人之财，犹谓之盗。况贪天之功，以为己力乎！"

03

不尚贤，[①]**使民不争。不贵难得之货，使民不为盗。不见可欲，使民（心）不乱。**[②]

是以圣人之治，虚其心，实其腹，弱其志，强其骨。常使民无知、无欲，使夫智者不敢为也。为无为，则无不治。[③]

[①]第77章说："圣人为而不恃，功成而不处，其不欲见贤。"见贤、尚贤意思相近，前者是就自己说，后者是就他人说。

[②]马王堆帛书甲乙本作"使民不乱"，没有"心"字。

高明《帛书老子校注》认为帛书本更近老子原文,"心"字为后人妄增。

③这两句马王堆帛书甲本残缺,乙本作:"恒使民无知无欲也,使夫智不敢,弗为而已,则无不治矣。"《文子》说:"是以圣人内修其本,而不外饰其末,厉其精神,偃其所见,故漠然无为而无不为也。所谓无为者,不先物为也。无治者,不易自然也。无不治者,因物之相然也。"《论衡·自然》:蘧伯玉治卫,子贡使人问之,何以治卫?对曰:"以不治治之。夫不治之治,无为之道也。"朱谦之强调,"不敢""弗为"乃二事,与前文"无知""无欲"相对而言。

不过分推崇所谓贤能,以让人少起争竞之心。不特别看重稀有财货,以让人远离偷盗。不显摆那些容易激起欲望的东西,以让民风安淳。所以圣人治理天下,是让人虚心实腹,弱志强骨,没有强烈的欲望,不追求无涯的智识;使那些有智识的人不敢逞才使气乱折腾。上层顺道无为,下层就自然大治了。

不推贤崇能,以免下属都去争位子。慎到甚至说:"立君而尊贤,是贤与君争,其乱甚于无君。"《淮南子·齐俗训》记载太公望和周公受封后的一次对话,太公问周公:"你打算怎样治理鲁国?"周公回答:"尊尊亲亲。"也就是说用西周的宗法传统治国。太公说:"那鲁国此后就要变弱了!"周公问太公:"你打算怎样治理齐国?"太公回答:"举贤而上功。"开后来政治尚贤的先声。周公说:"齐国后世一定有篡夺君权的人!"后来果然齐国越来越强,以至称霸,二十四世后田氏代齐,姜姓齐国绝祀,田氏仍以"齐"为国号,史称"田齐"。鲁国呢,果然慢慢变弱,传三十二世就亡国了。这个故事最后有议论说:"故老子曰'不上贤'者,言不致鱼于木,沉鸟于渊。"意思是,不能缘木求鱼,也不能把鸟没到水底去。

再像燕王哙"好贤""崇仁",他特别信任权臣子之,自己想高蹈做尧舜,就把王位禅让给子之。太子姬平马上就不干了,发动内乱。东邻齐国趁机入侵,燕国大乱。姬平和子之均死于这次内乱。如果把不尚贤放在立储的问题上,那么案例更数不胜数。古代侯王大多把位子传给了相对仁弱的孩子,希望保全其他孩子的性命。

不看重稀有的财货,以免偷抢成风。《庄子·则阳》记载老子一个学生的话:"荣辱立,然后睹所病;货财聚,然后睹所争。……民知力竭,则以伪继之。日出多伪,士民安取不伪?夫力不足则伪,知不足则欺,财不足则盗。"《韩非子·喻老》篇讲过子罕辞玉的故事:有个宋国人得到一块宝玉,献给子罕。子罕不接纳。献玉的人说:"我给加工玉石的人看了,他们说是块宝物,所以我才敢献给您。"

子罕说:"我以不贪为宝,你以玉为宝。你若把玉给我,我们两个都失去了自己的宝物,还不如大家各有其宝。"《左传·襄公十五年》把这个故事叙述得更为完整。那个献玉的人接着跟子罕说:"我揣着这块宝物,难以安全离开此地,留着它不过是自寻死路。"于是,子罕把这块玉先留下来,找加工玉石的人把它加工好,卖掉换成钱。这个宋国人拿着卖玉的钱成为富人以后回乡。

不显摆那些容易激起欲望的东西,使得民心不乱。著名的例子如《尹文子·大道》篇所载:"昔齐桓好衣紫,阖境不鬻异采。楚庄爱细腰,一国皆有饥色。上之所以率下,乃治乱之所由也。"正如《资治通鉴》所谓"楚王好细腰,宫中多饿死"。《墨子·兼爱中》说:过去楚灵王喜欢有纤细腰身的男人,所以朝中那班大臣,唯恐胖了失宠,都节食瘦身,每天只吃一顿饭;起床后,整装时先屏住呼吸,然后束紧腰带,这样扶墙才能站起来。等到第二年,满朝官员脸色都蜡黄蜡黄的。

现代商业逻辑却一再挑动诱惑,制造欲望,鼓励受众的"冲动性消费"。很多需要都是被商业制造出来的,例如所谓时尚。所以圣人之治是,让人民淡泊无求,填饱肚子,没有强大的志向(听上级的话),身子骨强壮(能干活,能打仗)。人民没有很多的知识和很高的欲求,聪明人不敢逞才使气,就天下大治了。这被很多人看作是老子愚民统治的总纲领。郭沫若《中国史稿》第二编第三章第二节"天的观念之利用"里说:"以天道为愚民的政策,以德政为操持这个政策的机柄,这的确是周人提出来的新的思想。发明了这个思想的周人……那便是周公。"法家则更为刻薄,《商君书·弱民》鲜明提出:"民弱国强,民强国弱,故有道之国,务在弱民。"拜商鞅变法之赐,秦国百姓五家为伍,十家为什,登记户籍,相互监督,有罪连坐,被捆绑在或耕或战的战车上,为大秦帝国的扩张提供粮食和兵源。这就是大秦可以一统天下很重要的原因之一。后来秦始皇焚书坑儒,也是努力"使夫智者不敢为"。贾谊《过秦论》说:"秦王怀贪鄙之心,行自奋之智……焚文书而酷刑法,先诈力而后仁义,以暴虐为天下始。"秦朝二世而亡,杜牧《阿房宫赋》慨叹:"秦人不暇自哀,而后人哀之;后人哀之而不鉴之,亦使后人而复哀后人也。"

04

道冲,[①]**而用之或不盈,渊兮似万物之宗。**[②](挫其锐,解其纷,和其光,同其尘。)**湛兮似或存。**[③]**吾不知谁之子,象帝之先。**

①冲，空虚的意思，傅奕本作"盅"，一种虚空的器皿。

②渊，深的意思。

③湛，"沉"的俗字，含而不露、隐没难明的意思。《文子·上德》："阴难阳，万物昌；阳伏阴，万物湛。"《战国策·魏策一》："物之湛者，不可不察也。"或，王引之《经传释词》："或，犹又也。"

"挫其锐，解其纷，和其光，同其尘"与第56章重出，属于处世的道理，疑这里是错写，和上下逻辑不连。去掉后，本章便成为道体的集中论述，说道有"冲"（盅，虚空）、"渊"（深沉）、"湛"（含而不露）三个特性。

道像一个虚空的器皿，但我们用它又要保持不满溢的状态。道本来很渊深，好像是万物之宗。道看来隐没难明，又好像实际存在。我不知道它是如何产生的，万物生成之先就这个样子了。

后来程朱理学强调"万物皆只是一个天理""天下物皆可以照理，有物必有则，一物须有一理""万事皆出于理"，我们了解了这理，也就理解了万物，理解了这个世界。朱熹进一步提出理在事先。宋明理学是儒释道的合流，他们所说的理，无疑借鉴了道家对"道"的描述。胡适《中国古代哲学史·老子》认为："老子的最大功劳，在于超出天地万物之外，别假设一个'道'。这个道的性质，是无声、无形；有单独不变的存在，又周行天地万物之中；生于天地万物之先，又却是天地万物的本源。"

大家平日琐事缠身，但我们需要抬头看看天，思考事理的原初，这才能保证一种大格局，而超拔于无意义的荒诞处境，同时给解决当下问题提供一个长远视角和新思路。老子对侯王的忠告亦如是，如果没有对于道体的追问，没有一系列形而上的思考，帝王术的《老子》不可能发生如此普泛的影响力。在国家治理的现实层面上，天子作为"天"的儿子，遭遇大的干旱、洪水、地震、瘟疫等，也要下罪己诏，向发怒的上天谢罪。这并非仅仅是表面文章，起码让权力集于一身的天之骄子停止傲慢，回归为一个能理性思考、反省过去的个体。

05

天地不仁，以万物为刍狗。①圣人不仁，以百姓为刍狗。

天地之间，其犹橐籥乎？②虚而不屈，③动而愈出。

多言数穷，④不如守中。⑤

①嵇文甫《春秋战国思想史话·老子》:"'刍狗'就是用草扎的狗,为给死人陈列用的,如象现在葬埋时候所用的纸人、纸马……一样。这种东西,用的时候煞有介事地摆出来,用过了烧掉、抛掉,一点也不爱惜。从老子看来,万物都象'刍狗'一样,时而摆出来,时而又抛弃掉,自生自灭于天地间。"《庄子·天运》:"夫刍狗之未陈也,盛以篋衍,巾以文绣,尸祝齐戒以将之;及其已陈也,行者践其首脊,苏者取而爨之。"

②橐籥(tuó yuè),古代鼓风吹火用的器具,类似于后世的风箱。

③屈(jué),竭尽。《前汉纪·食货志》:"用之无度,则物力必屈。"马王堆帛书甲乙本"屈"作"淈"(gǔ),也是枯竭的意思。

④马王堆帛书甲乙本、北大藏西汉竹书本作"多闻数穷"。《文子·道原》也引作"多闻数穷"。多闻,即博学。《淮南子·本经训》:"博学多闻,而不免于惑。"数,通"速",很快的意思。

⑤明代王纯甫注:"中也者,中也,虚也,无也,不可言且名者也。"

天地对待万物,圣人对待百姓,就像人们对待那草扎的牲畜，该敬敬之，该弃弃之。郭店楚简本没有这句话，有学者怀疑是后增的。胡适认为："老子以前的天道观念，都把天看作一个有意志，有知识，能喜能怒，能作威作福的主宰。……老子生在那种纷争大乱的时代，眼见杀人、破家、灭国等等惨祸，以为若有一个有意志知觉的天帝，决不致有这种惨祸。万物相争相杀，便是天道无知的证据。故老子说：'天地不仁，以万物为刍狗。'……老子这一观念，大破古代天人同类的谬说，立下后来自然哲学的基础。"《老子》第79章又说："天道无亲，常与善人。""天道无亲"，即是"天地不仁""圣人不仁"。天地不仁，看看天灾就知道了，天灾并不因为你是君子而饶过你，更残酷的是，往往无辜者受累更悲惨无告。圣人不仁，因为他主要考量的是：做一件事情，是否合乎自己认定的统治之道。

"以百姓为刍狗"，百姓未必是平头百姓，包括帝王所驭群臣。尤其是历代帝王诛杀功臣，便是显例。秦昭襄王用白起，汉景帝用周亚夫，白、周二人的下场让人寒心，但历史对秦昭襄王和汉景帝评价并不低，这可谓历史不仁。我们历史赞誉有加的帝王，往往不是仁义英武者，而是那些对民间力量榨取能力最强的一帮人，他们把众多百姓绑在自己的战车上作为人质，他们成功后被美化为雄才大略。汉宣帝即位后，为了表明自己是正统，下诏书要求公卿、博士讨论曾祖父汉武帝的"尊号"和"庙乐"，强调曾祖父躬行仁义，又威武迅猛，北征匈奴，南定氐羌。夏侯胜力争说："武帝虽有攘四夷、广土斥境之功，然多杀士众，竭民财力，奢泰亡度，天下虚耗，百姓流离，物故者半。蝗虫大起，赤地数千里，或人民相食，畜积至今未复。亡德泽于民，不宜为立庙乐。"结果"聪明远识，制持万机"的汉宣帝将夏侯胜送进监狱，以震慑朝臣。进而尊汉武帝为世宗，所巡狩郡国皆立庙，以表达自己对祖上的孝心。汉宣帝是后来史书一再强调的"慈仁爱人""政事明察"的中兴令主。

天地之间，就像一个鼓风的大风箱。本来是虚空的，但用之不尽，越鼓动，风越多。

多说话很快就陷入困境，不如执守中道。作为臣下，不妨少说话。以言获罪者，故实累累。老子本意"多闻数穷"，老是听别人怎么说，中无主见，也会陷入困境。私学大兴的春秋战国时代，劝侯王"多闻数穷"，自有其针对性。慎到说："夫君不择其下，故足。为人君者不多听。"问题是，这和多方位地掌握实情，并集思广益、调查研究是不是冲突呢？拒绝多听多闻，直接导向君权专制，这对于力图参政的传统士大夫也大大不利。中国古代昏君暴君的首要特征往往就是听不得劝，一意孤行。"多闻数穷"后来辗转成为"多言数穷"，包含了更广阔的内容。但就臣下修身而言，"多言数穷"和"曲全枉直"也便成为那些曲意逢迎上峰的谄佞者堂而皇之的借口。

另，郭店楚简本仅存第二节"天地之间，其犹橐籥与？虚而不屈，动而愈出"。其后带有分章墨块。有人主张将本章一分为三。但就意义而言这三部分合一在逻辑上还是通达的。天地无所谓仁爱，本是虚空。那么人主也当少说少听，虚静守中而已，这合乎自然之道。

06

谷神不死，是谓玄牝。①玄牝之门，是谓天地根。绵绵若存，用之不勤。②

07

天长地久。天地所以能长且久者，以其不自生，故能长生。

是以圣人（后）[退]其身而身先，外其身而身存。非以其无私邪，故能成其私。

①谷，王弼注："谷，中央无者也。"《列子·天瑞》引此章，张湛注："夫谷虚而宅有，亦如《庄子》之释'环中'。至虚无物，是谓谷神。本自无生，故曰不死。"高明沿袭司马光、严复之说，认为："谷"喻其虚怀处卑，"神"谓其变化莫测，"不死"指其永存不灭，三者乃道之写状。牝，女阴，与"牡"相对。本为日常词语，老子加上一个"玄"字而成为哲学概念。

②勤，本义是尽力去做，《说文解字》："劳也。"所以用作形容词，引申出辛劳、勤快、不懈，乃至劳苦、竭尽的意思。这里作竭尽解。《淮南子·主术》："力勤则匮。"

帛书本和竹书本均将这两章合为一章。

像山谷一样虚怀处卑，像神一样变化莫测，道永存不灭，这叫玄牝。玄牝之门，正是天地之根。其性虚空，作用于万物，绵绵不绝。这很像世界各地的创世神话，大地母亲孕育万物，或者一男一女的英雄创生万物。以生育为喻推想天地万物如何形成的朴素思想，谈不上神秘。老子的特别之处是他强调了天地虚空的特性。

为什么天长地久，因为虚空的天地是万物生存的空间，它并不为自己而存在，所以天地是无私的。

谈天说地最后落实到侯王，落实到人。——这是《老子》普遍的论述逻辑。圣人不优先考虑自己，把自己的利益放在最后；遇到困难时，自己则奋不顾身率先面对。因为圣人无私，所以成就了其大私——不朽。这就是后来范仲淹所谓"先天下之忧而忧，后天下之乐而乐"。例如治水的禹，三过家门而不入，自己忙忙碌碌，连大腿的汗毛都因为劳动褪净了。他成就大功，最后舜将权位禅让给他；他的功劳如此之大，荫及子孙，他的儿子启开创了君权私有的夏王朝。禹才是夏王朝的真正奠基人，所以称夏禹，夏就是大的意思，后世尊之为大禹。《庄子·天道》篇里老子对孔子说："无私焉，乃私也。"

"退其身而身先"的又一个例子是晋国大夫范文子（士燮）。或公二年（前589年）六月，他与郤克、栾书共同伐齐，在鞌之战（靡笄之役）中战胜齐国。晋军凯旋时，身为上军副帅的范文子最后进入国都。他的父亲问："你不知道我也在盼望你早点回来吗？"范文子回答父亲："军队胜利归来，国人必然来欢迎。如果我先回来，众人会把目光聚焦在我身上，这岂不是代替主帅领受殊荣吗？所以我不敢先回。"父亲很高兴："你这样谦让，我认为范家可以免于祸患了。"论功行赏时，晋景公对统帅郤克说："这次大胜是你的功劳啊！"郤克回答："全靠侯王的指导有方，以及几位将帅的谋略和拼杀，我有什么功劳呢？"晋景公称赞范文子的功劳与郤克同样大，范文子说："这是荀庚统帅得当、郤克节制有力的结果。我有什么功劳呢？"晋景公称赞栾书，栾书说："这是范文子指挥角度，军士们执行得力的结果，我有什么功劳呢？"

唐玄宗所注《老子》认为："后身则人乐推。"这个逻辑见第66章："欲先民，必以身后之。是以圣人处上而民不重，处前而民不害。是以天下乐推而不厌。"《文子·道原》有云："以亡取存，以卑取尊，以退取先。"章太炎对这个观点有所辩证，他说，道家前世，伊尹、吕尚这些人都是辅佐，不是帝王，怵于利害，胆为之怯，所以事事以卑弱自持，所以人皆取先，己独取后，"皆惕然于权首之戒者也"，"天下惟胆怯者权术亦多，盖力不能取，而以智取，此事势之必然也"。钱穆在《中国思想史·老子》中说："老子思想虽尚自然，但还是最功利的。最宽慈，但还是最打算的。……他太精打算了……此后中国的黄老之学，变成权谋术数，阴险狠鸷也是自然的。"

08

上善若水。水善利万物而不争，[①]处众人之所恶，故几于道。

居善地，心善渊，与善仁，[②]言善信，正善治，事善能，动善时。

夫唯不争，故无尤。

①马王堆帛书甲本作："水善利万物而有静。"高明《帛书老子校注》认为"有静"，取其清静的意思。这和第16章"守静"联系起来，自有内在理路。末句相应作"夫唯不静，故无尤"，这第二个"静"同《尚书·尧典》"静言庸违"的"静"。《传》："静，谋也。"再例如《逸周书·酆保》："交其所亲，静之以物，则以流其身。"当作图谋的意思，整句就好理解了。其实，作为帝王术的《老子》并不反对谋略，这里的图谋如果理解为不合乎道的主观图谋，或者谋私，整句句意也豁然贯通。还有常见一解，就是"夫唯不静，故无尤"中"静"通"争"。

②与（yǔ），交往。《庄子·大宗师》释文："犹亲也。"帛书甲本作"予善信"；帛书乙本、竹书本作"予善天"。予，《正韵》："赐也。"《诗·小雅》："君子来朝，何锡予之。"

最高的善，像水一样。它给万物带来好处但并不争功。水向低处流，处在众人所讨厌的低处，所以这和道相似。

"处众人之所恶"，和第66章"欲上民，必以言下之"、第78章"受国之垢，是谓社稷主；受国不祥，是为天下王"意思相近，其实就是任别人之所不能任，守谦德，能下人，能容人，知错能改。秦王嬴政虽然暴虐，但他善于知错能改，礼贤下士。像尉缭善于相面，认为："秦王为人，蜂准、长目、挚鸟膺、豺声，少恩而虎狼心，居约易出人下，得志亦轻食人。我布衣，然见我常身自下我。诚使秦王得志于天下，天下皆为虏矣。不可与久游。"所以多次拒绝秦王嬴政的封赏，随时准备开溜。但嬴政对尉缭不但不惩罚，还是一如既往地礼遇他，让他衣食住行都和自己享受一样的待遇。最终留下了尉缭，并授他国尉的职务。尉缭为了秦的统一也立下了汗马功劳。

秦始皇二十一年（前226），秦王嬴政召集大臣商议灭楚，老将王翦提出："非六十万人不可。"而年轻的李信则认为二十万人的军队就够了。秦王认为王翦老了，胆子太小，便让李信和蒙恬率二十万兵力南下伐楚。王翦乘势告老还乡。秦楚之战，结果秦军大败。秦王于是亲自去王翦的老家，向他致歉，请他复出。王翦以年老多病不愿出山，秦始皇坚持请他带兵攻打楚国。王翦再次强调，如果用我，"非六十万人不可"。秦王答应了王翦的要求，并亲自送他到灞上，他向秦王要求很多良田林池宅院，秦王说："将军走吧，何必这么忧心贫困呢？"王翦说："我给您做将领，即使有功也未必能封侯赐爵，不如趁您现在器重我的时候，及时向您要些东西，也算给子孙留点基业。"秦王哈哈大笑。王翦率军到了函谷关，又连续五次派人去向秦王求赐良田。王翦为什么会这么做？身边的人都觉得老将军太贪婪。他解释说：这次自己带着如此众多的秦军精锐出征，大王本来多疑，肯定担心自己拥兵自立，唯有多提要求，表明自己除了子孙基业外别无野心，才能打消秦王疑虑。王翦最后终老，他的处世之道，无疑高于蒙恬、李斯。

"处众人之所恶"，伴君如伴虎，就是需大臣们自污名节以图自保。萧何在刘邦率兵出征时，仔细帮他打理后方根据地，把军粮源源不断地送往前线。每次萧何派人送军粮到前线时，刘邦都要问："萧相国在做什么？"使者回答，萧相国爱民如子，除办军需以外，还做不少安抚、体恤百姓的好事。刘邦听后，总是默不作声。萧何也不太懂刘邦的心思，直到一天有个门客给他说："您一入关就深得百姓爱戴，到现在已经十多年了，百姓拥护您，您还想尽方法为民办事。现在皇上几次问您的起居动向，那是担心您借助民望有什么不轨企图啊！如今，您不如贱价强买民间田宅，故意让百姓骂您、恨您，制造些坏名声，这样皇上看您不得民心，才会放心。否则您就大祸临头了。"萧何长叹一声，如是这般这般。待平乱后，刘邦返回长安，百姓们纷纷拦路上书，状告萧相国低价强买民间土地房屋，总价数千万之多。刘邦回到宫中，萧何赶紧前来拜见。刘邦笑着说："当相国的，竟然侵夺民众的财产，为自己谋利！"于是，把这些控告信全部交给萧何。

"居善地，心善渊，与善仁，言善信，正善治，事善能，动善时"本义是水接近于道的七种品性，可以理解为："居地善，心渊善，与仁善，言信善，正治善，事能善，动时善。"

居善地，就是甘居下流，李零先生所谓：人往低处走。处于低处，才能海纳百川，随顺自然。第 66 章说"江海所以能为百谷王者，以其善下之"。另一种解释是：居住选择好地方。什么是好地方？《孙子兵法·地形》篇把地形分为通、挂、支、隘、险、远等六类。我方可以去，敌方可以来的地方叫作通。在这个区域，应率先抢占地势高又向阳的地方，保持粮道畅通，与敌人交战就有地利之便。

水求渊静，心善渊，比喻义可以理解为在没有了解情况和把握确切之前，不妄动。第 15 章："古之善为士者，微妙玄通，深不可识。"例如楚庄王"不鸣则已，一鸣惊人"，他刚就大位并不草草嚷着改革，先韬光养晦，无所作为似的，其实是花时间摸清人事和财物的具体情况，然后令出必行，成为一代霸主。

水利天下，与善仁，比喻义是，和人相处要仁爱。但《老子》是把道放在第一位，仁爱是下德，放在次一级，所以帛书乙本和竹书本"予善天"更符合老子原意。予善天，就是辅助万物，像天一样不求回报，意同"生而不有，为而不恃"，这是《老子》一再重复的观点。

"早知潮有信，嫁与弄潮儿"（李益《江南曲》），古代常常以海潮比喻信用。言善信，意思同于第 81 章："信言不美，美言不信。"

传说的大禹治水，即以疏导为主。正善治，即所谓"无为自化，清静自定"（《史记·太史公自序》）。

事善能，能，任也，也是疏导之意。事善能，即"处无为之事，行不言之教"，"事无事"。

河流的季候性很强，夏天涨水，秋天干涸，冬天结冰，春天融冰。动善时，即司马迁所谓"与时迁化，应物变化"。

这七德的比喻义总体白话表述为：把自己位置放得低，心态也像渊水一样沉静，帮助别人像上天一样不求回报，说话讲信用，做管理工作能令出必行，处理事情要有方法，发起什么要符合天时。就是因为不争，所以过错少。

不争，是这一段的主旨。其实，老子有一副热心肠，积极介入现实世界。他所谓不争，并不是什么都不去争取，而是要善于选择和去取，在正确的时间和地点去做正确的事，像水流一样无间。周公诫子说："君子力如牛，不与牛争力；走如马，不与马争走；智如士，不与士争智。"《管子·势》说："不犯天时，不乱民功，秉时养人，先德后刑，顺于天，微度人。"

楚汉战争中的刘邦，进入咸阳后被这里的荣华富贵深深吸引。但他听从了以道自守的张良的劝诫,这就叫"心善渊",于是一再向项羽示弱,这就叫"处众人之所恶"。但趁项羽去讨伐田齐的时候,明修栈道,暗度陈仓,任用韩信,果断再度占领关中,使关中成为自己可靠的根据地,这就叫"居善地"。韩信一连灭魏、徇赵、胁燕、定齐。齐国平定之后,韩信派人向刘邦写信希望做代理齐王。这时刘邦正被项羽围困在荥阳,十分恼怒。但张良、陈平暗中踩了踩刘邦的脚,又凑到他耳边说:"我们现在正处于不利的境地,怎么能禁止韩信称王呢?不如就趁势立他为王,好好对待他,让他稳定齐国。不然就要出大事的。"刘邦立马明白过来,改口道:"大丈夫平定诸侯,就该做真王,何必做什么代理呢?"于是派张良前去正式册封韩信为齐王,并征调他的部队围攻楚军,这就是"与善仁,言善信"。他不断分化项羽所部,让黥布、彭越均为自己所用,势力慢慢翻转。后来项羽被迫和他划鸿沟而治,但他注意到项羽的弱点,在张良的鼓舞下,迅速追击,最后消灭项羽。这就是"事善能,动善时"。刘邦的不争,最终成就了自己家天下的汉帝国。

不争,包括不与上争,不与下争,不与平行者争,不与命争……不同层次。在具体生活中,其一种不争,往往是为了另一种自认为更重要的争,完全不争,往往只是"虽不能至,心向往之"。

09

持而盈之,①不如其已。揣而梲之,②不可长保。金玉满堂,莫之能守。富贵而骄,自遗其咎。功遂身退,天之道。

①盈,有的版本作"满"。以"满"代"盈",避汉惠帝刘盈的讳。《国语·越语下》:"持盈者与天,定倾者与人,节事者与地。"《管子·白心》:"持而满之,乃其殆也。"郭店楚简本作"殖而盈之",《广雅·释诂》:"殖,积也。"《周语》:"财蕃殖。"

②揣(zhuī),捶击。梲,通"锐",锐利的意思。另,此处也是版本众多,郭店楚简本作"群而梲之",帛书乙本作"揣而允之"(甲本残缺)。

拿着容器,一定装满,不如适可而止。锤击武器,让它锐利,这不会保持太久。把珍宝放满一屋子,没有人能守得住。富贵又骄横,自然招致灾祸。大功告成后,选择引退,才符合天道。

"富贵而骄,自遗其咎"的例子,不胜枚举。前575年晋楚鄢陵之战，晋国大胜，范文子眼看着晋国君臣飘飘然起来，而晋国内部矛盾日益恶化。他于是吩咐自家主管祭祀和祈祷的人为自己祈死："君骄泰而有烈。夫以德胜者犹惧失之，而况骄泰乎？君多私，今以胜归，私必昭。昭私，难必作，吾恐及焉。凡吾宗、祝，为我祈死，先难为免。"前574年，范文子辞世。是年冬，晋国内乱，不久晋厉公被属下弑杀。《淮南子·道应训》载，魏文侯问李克："吴国灭亡了，这因为什么？"李克回答说："数战数胜。"魏文侯说："数战数胜，是一个国家的福分啊，吴国却因此亡国，为什么？"李克回答说："数战，则百姓疲惫不堪；数胜，则君主骄纵。骄纵的君主统治着疲弊的百姓，所以它就亡国了。好战而穷兵黩武，没有不灭亡的。所以老子说：'功成，名遂，身退，天之道也。'"

计然有学生范蠡。范蠡苦身勠力帮助勾践卧薪尝胆，最后灭掉吴国，使越王勾践成为一代霸主，范蠡被封为上将军。但他注意到勾践重视疆域的守护和扩大，不在乎士大夫的生死，认为大名之下，难以久居，他说："君行令，臣行意。"便乘船浮海一走了之。走之前给朋友大夫文种留一封信："蜚鸟尽，良弓藏；狡兔死，走狗烹。越王为人长颈鸟喙，可与共患难，不可与共乐。子何不去？"文种将信将疑，称病不朝，后来果然被越王赐死。

范蠡远走齐国，隐姓埋名，自号鸱夷子皮（可以理解为酒囊饭袋，鸱夷本义就是腹大如壶的酒袋子），将计然老师教的道理用来治家理财，后来致财富数十万。齐人看他如此贤能，便请求他出来做相。范蠡慨叹说："居家则致千金，居官则至卿相，此布衣之极也。久受尊名，不祥。"于是归还相印，把自己的钱财都分给朋友和乡党，再次出走。后来在宋国陶这个地方，自号朱公。他并没有浪费余生，而是利用宋国的地利之便，经商致富，又积累财产巨万。他再次把这些财产散给比较贫穷的朋友和远方兄弟们。范蠡是功遂身退、富而好仁的典型。但他挑明了君臣猜忌的这个"潘多拉盒子"，后来无数侯王都期待着大功臣能够识相引退。功成身退，有功弗居，这如果来自个体自主的选择，代表着一种很高的人生境界，而如果成为侯王对下属的要求，无疑太苛刻了。

10

载营魄抱一，①能无离乎？专气致柔，②能婴儿乎？涤除玄（览）[鉴]，③能无疵乎？爱民治国，能无[以]知乎？④天门开阖，能（无）[为]雌乎？明白四达，能无为乎？⑤

（生之畜之，生而不有，为而不恃，长而不宰，是谓玄德。)

①河上公注:"营魄,魂魄也。"《左传·昭公七年》:"人生始化曰魄,既生魄,阳曰魂。"
②借为"抟",聚集的意思。竹书本径作"抟"。
③览,应作"鉴",镜子。马王堆帛书甲乙本分别作"蓝""监",均借作"鉴"。
④王弼本脱"以"字,据马王堆帛书乙本、傅奕本补。
⑤马王堆帛书甲本损毁,乙本作"天门启阖,能为雌乎?明白四达,能毋以知乎",王弼本误。

营和魄抱一,能不相离吗?凝神聚气,让身体柔软,能像婴儿一样吗?清洗心灵的镜子,能一点瑕疵都没有吗?爱民治国,能不用智巧吗?先天感官的开阖,能像那温和的女性吗?明白畅达,能做到清静无为吗?

括号内的文字重见于第51章,意思是:生养万物,并不视为私有;服务万物,并不恃功;顺应万物,并不控制它们,这就叫玄德。这部分放在第51章更合逻辑。

马王堆帛书本甲本残缺很多,乙本保存完好,还原作:

载营魄抱一,能毋离乎?抟气致柔,能婴儿乎?涤除玄鉴,能毋有疵乎?爱民治国,能毋以知乎?天门启阖,能为雌乎?明白四达,能毋以知乎?生之畜之，生而弗有，长而弗宰，是谓玄德。
这个还原的本子无疑更流畅，可以纠正王弼本子的讹误。

如果说第2章是从对立转化的角度谈，本章则是从个体修养的角度。老子高度赞赏具有柔顺品质的水、婴儿、女性（雌），像第20章"我独泊兮其未兆，如婴儿之未孩"，第28章"知其雄，守其雌，为天下溪。为天下溪，常德不离，复归于婴儿"。司马迁《史记·留侯世家》赞张良，本以为他魁梧奇伟，见其画像，才发现"状貌如妇人好女"。贵柔守雌，和气生财，作为修身齐家之术，没有多少副作用。但施之于政治，让我们倍感阴气逼人。湛若水《非老子》："圣人之道，阳道也，故如日月照临，人皆仰之。老子之道，阴道也，故如幽暗岩崖，鬼魅出焉。阳道者神，阴道者鬼。"

11

三十辐共一毂，①当其无，有车之用。埏埴以为器，②当其无，有器之用。凿户牖（以为室），③当其无，有室之用。故有之以为利，无之以为用。

①辐，车轮的辐条。毂（gǔ），车轮中间的圆木，圆木

有若干孔,用来插车轴。

②埏(shān),本义是用水和土。埴(zhí),陶器。河上公注:"埏,和也;埴,土也。谓和土以为器也。"桓宽《盐铁论·通有》:"铸金为锄,埏埴为器。"

③此句马王堆帛书甲本损毁,乙本完好,没有"以为室"三字。

三十根车辐条凑成一毂,正因为它有空无的地方,才成就了我们车子之用。用和好的泥土制作陶器,正因为有空无的地方,才成就我们器皿之用。凿出门和窗建一间房屋,正因为有空无的地方,我们才有了宜居的空间。所以,有,形成一个物的实体;无,才让这个物发挥作用。

第2章讲"有无相生",第40章郭店楚简本有"天下之物生于有,生于亡。"杨向奎《先秦思想讲话·先秦诸子》说:"老子之所谓'有''无',不是互相排斥的,'无'是通过'有'来完成的,'有''无'是互相成全。"

后来《庄子》进一步提出"无用之用"。一个到齐国的匠人,看到一棵被尊为社神的栎树,高大奇伟异常,观赏者人山人海,但这个匠人看都不看一眼,接着走自己的路。弟子不明白,对师父说:"我跟先生这么多年,从来没见过这么壮美的树,为什么您都不愿停下脚步看一看呢?"匠人说:"这棵树木质很松,什么用处也没有,用它做船定会沉没，用它做棺椁定会很快朽烂，用它做器皿定会很快毁坏，用它做屋门定会流脂合不了缝，用它做梁柱定会被虫蛀。这是不能取材的树。因为没有什么用处，所以它才如此长寿。"匠人回家后，栎树托梦给他说："你用什么东西跟我相提并论呢？你拿那些可用之材来跟我相比吗？像楂、梨、橘、柚等果树，果实成熟就会被打落在地，打果子枝干也会遭受摧残。正因为它们能结出果实才苦了自己，所以常常不能终享天年而半途夭折。各种事物莫不如此。我寻求没有什么用处的办法已经很久很久了，几乎被砍死，这才保全性命，无用也就成了我最大的用处。假如我果真有用，还能够长这么大吗？况且你和我都是'物'，你这样看待事物怎么可以呢？你不过是几近死亡的没有用处的人，怎么会真正懂得没有用处的树呢！"显然，庄子把"以无为用"发展为严酷社会里的存身之术了。《庄子·杂篇》："知无用而始可与言用矣。天地非不广且大也，人之所用，容足耳。然则厕足而垫之，致黄泉，人尚有用乎？……然则无用之为用也亦明矣。"庄子在意的是个体的安顿，这和老子本不相同。老子积极介入世事，本意不该如此。在君王术中，用人之策往往成为不能公然言说的驭下之术。韩信出征，刘邦把自己的亲信曹参、张耳、灌婴等安插给他副手，牵制韩信。驭下平衡术在宋朝皇帝那里被立为家法。宋真宗要重用寇準，但不忘把毕士安放在前头，又让派系不同的王钦若居间掣肘，宋真宗将个中奥妙说破："且要异论相搅，即各不敢为非。"

老子的高妙是，他的言论既具有现实操作的实用性，也可以在哲学上作深层次解读，有明显的形而上指向。梁启超说："《老子》书中许多'无'字，最好作'空'字解。'空'者像一面镜子，镜内空无一物，而能照出一切物来。"无，给予我们看世界的新眼光。这就像我们绝大部分建筑，都是用有来分隔无。像墙，因为有门有缺口，才有了墙的实际用处。有无相生，在中国古代建筑中最有意味的是亭子。在中国艺术领域，就是"虚实相生""含不尽之意见于言外"。

12

五色令人目盲，五音令人耳聋，五味令人口爽，[①]**驰骋畋猎令人心发狂，难得之货令人行妨。**

是以圣人[之治也]，[②]**为腹不为目，故去彼取此。**

[①]《尔雅·释言》："爽，差也，忒也。"引申为败坏。

[②]王弼本脱"之治也"三字，据马王堆帛书甲乙本、傅奕本补。

青、赤、黄、白、黑，眩目的色彩会让人眼睛不适。宫、商、角、徵、羽，动听的音乐会让人耳朵不好。酸、苦、甘、辛、咸，美味佳肴会让人口感败坏。纵马畋猎，令人心放荡。难得的财货，令人行动有碍。所以圣人管理天下，致力于让人填饱肚子，避免奢侈与过度。

我们不该溺于声色和美味，如何让有限的人生多彩？艺术的追求，大概是最无害的。所以徐复观先生认为，庄子的核心是一种艺术精神，的确发人深省。作为对简单素朴的极简生活的提倡，这无疑是有积极意义的。但它和现代的商业逻辑完全背道而驰。如何在提倡简单生活的同时，又促进生产与科技的发展，这是对管理者提出的挑战。所有的艺术，也许都是分寸的艺术。

本章的主旨是"圣人之治也，为腹不为目"，意思同于第 3 章 "不见可欲，使民不乱。是以圣人之治，虚其心，实其腹，弱其志，强其骨。常使民无知、无欲"。"不为目"的意思参考第 49 章 "百姓皆注其耳目焉，圣人皆孩之"，第 52 章 "开其兑，济其事，终身不救"。

13

　　宠辱若惊，贵大患若身。①

　　何谓宠辱若惊？宠为下。②得之若惊，失之若惊，是谓宠辱若惊。

　　何谓贵大患若身？吾所以有大患者，为吾有身。及吾无身，吾有何患？

　　故贵以身为天下，若可寄天下。爱以身为天下，若可托天下。③

①刘师培曰："宠，亦贵也。"贵，看重。"宠"与"贵"对文，"辱"与"大患"对文。

②宠为下，另有解释为看重人在低处。按照心理学也可以理解为：在意宠辱之境是地位低下的当然反应。

③郭店楚简本、马王堆帛书甲本作："故贵为身于为天下，若可以托天下矣。爱以身为天下，女[若]可以寄天下。"乙本大致同于甲本。若，指示代名词，如此也；《荀子·在宥》引本句，"若"作"则"。高明认为，"贵为身于为天下"，犹言为身贵于为天下，即重视自身甚于重视为天下。"爱以身为天下"，即谓以自身为天下之最爱者，译为

今语即谓爱自身胜于爱任何物，胜于爱天下。《文子·道原》引老子的话："圣人忘乎治人，而在乎自理，贵忘乎势位，而在乎自得。……知大己而小天下，几于道矣。……真人者，知大己而小天下，贵治身而贱治人。"《庄子·让王》："道之真以治身，其绪余以为国家，其土苴以治天下。由此观之，帝王之功，圣人之余事也，非所以完身养生也。"

被宠爱，被侮辱，都让人耸然一惊。看重大的祸患，就像身体要受到伤害一样。什么叫宠辱若惊？受宠，是地位低的反映。得宠好像受惊了，失宠也好像受惊了，这就叫宠辱若惊。什么叫贵大患若身？我所以会遭遇大患，因为我有这个身体，如果我的身体不存在了，还有什么祸患呢？所以像爱重身体一样，爱重为天下做事，你就可以把天下作为寄托了。

以上所解是把"宠""辱"对文，均理解为名词，是通常的一种解释。如果按照注释中刘师培、马叙伦的意见，第一句话该翻译为：特别在意受辱的境遇，好像受到了惊吓一样。裘锡圭先生的训诂别出心裁，认为老子本意该是宠辱若荣。宠是动词，贵也是动词，都是特别看重的意思。特别看重受辱的境遇，把它当作一种荣显。这一章，有非常多的歧义，尤其是"宠为下"，不同的版本大不一样，有的作"辱为下""宠辱为下""宠为上、辱为下"。郭店楚简本和马王堆帛书本都是"宠为下",我们大致可以确定《老子》原文如此。那么怎么理解呢?只要我们结合心理学分析就明白了。如果一个人盼望着被别人恩宠,表明其内心里缺乏平等意识。被宠了就飘飘然,其实潜在认可了那种不平等的关系,等于自己已经示弱。不仅仅辱为下,宠亦为下。惊奇,源于一种意外。所以宠辱若惊,都是内无定主的表现。宠辱不惊,宠辱偕忘,才是修养。当然,把"宠为下"的"宠"字理解为动词,看重,要看重人在低处,亦通。《尚书·周官》载成王的话:"居宠思危,罔不惟畏,弗畏入畏。"

我们注意到"宠辱若惊""贵大患若身"都是老子要否定的常人之态。既然目前版本总体上解得通,普通读者也不必求异。本章在郭店楚简本中上接王弼本第 20 章前半部分"绝学无忧。唯与诃,相去几何。美与恶,相去何若。人之所畏,亦不可以不畏"(此处文字依楚简本)。"唯"与"美"即是宠,"诃"与"恶"即是辱;宠辱都是"身"的外在。第 13 章的意思是要人从俗学芸芸中返回自身。本章最后一句"以身为天下"是重点。《老子》也强调,修身才能平天下,也就是说管理者要先管好自己。

"以身为天下",其内涵就是"去私"。有一个"楚人遗弓,楚人得之"的故事。《说苑·至公》说楚共王出去打猎，把弓丢了，身边人要去找回来。楚共王说："不要找了！一个楚人丢失了弓，另一个楚人得到它，找什么呢？"《孔子家语·好生》同样记载了这个故事，孔子说："可惜啊，不太大气。不说一个人丢失了弓，另一个人得到它，何必一定说楚呢？"

范仲淹《岳阳楼记》提出"宠辱偕忘"，"不以物喜，不以己悲，居庙堂之高则忧其民，处江湖之远则忧其君。是进亦忧，退亦忧。然则何时而乐耶？其必曰'先天下之忧而忧，后天下之乐而乐'乎"，基本上袭用了本章的意思。在伦理学上，就是一个如何去一己之私而廓然大公的问题；在哲学上，就是从有限到无限的问题。这个哲学问题，庄子《逍遥游》的表述特别精彩而富有诗意。《庄子·让王》："夫天下至重也，而不以害其生，又况他物乎？惟无以天下为者，可以托天下也。"

什么样的人可以"寄天下""托天下"？且看看孟子笔下的周武王："书曰：'天降下民，作之君，作之师。惟曰其助上帝，宠之四方。有罪无罪，惟我在，天下曷敢有越厥志？'"

14

视之不见名曰夷,听之不闻名曰希,搏之不得名曰微。此三者不可致诘,故混而为一。其上不皦,①其下不昧,绳绳不可名,②复归于无物。是谓无状之状,无物之象,是谓惚恍。迎之不见其首,随之不见其后。执(古)[今]之道,以御今之有,(能)[以]知古始,是谓道纪。

①皦,明亮,与"昧"相对。
②绳绳(mǐn mǐn),连绵不断的样子。《诗·螽斯》:"宜尔子孙绳绳兮。"

帛书甲本首句作:"视之而弗见,名之曰微。听之而弗闻,名之曰希。捪(mín)之而弗得,名之曰夷。"这个表述在字义上更易理解:看也看不见叫作微,听也听不到叫作希,摸也摸不着的叫作夷。微、希、夷,这三者无法追根究底,所以混同为一。其上不明亮,其下不昏暗,连续不断,无端无际,难以命名,终究没有具体事物的形态。这叫作没有形状的形状,没有物体的物象,也叫惚恍,模糊不清的意思。正面迎着它，看不见它的头；跟着它，又看不到它的尾。

道纪，是本章核心关键词。核心观点是最后一句，但这一句不同版本在意思上截然相反。帛书甲乙本作"执今之道，以御今之有，以知古始，是谓道纪"，也就是说通过当下的道理理解当下的现实，由此推知古代原初的大道，这就是道的纲领。《鹖冠子》说："欲知来者察往，欲知古者察今。"强调"以近知远，以一知万，以微知明"的荀子说："圣人者，以己度者也。故以人度人，以情度情，以类度类，以说度功，以道观尽，古今一度也。类不悖，虽久同理。"《吕氏春秋·察今》："有道之士，贵以近知远，以今知古，以益所见，知所不见。"上下文本来逻辑清晰。但起码自竹书本开始，就被改为"执古之道以御今之有"，虽仅一字之差，但认识论就完全变了，变为用古代的道来认识今天的现实，所以后世常常把老子目为保守的尊古贱今者。"执古之道以御今之有，能知古始"，意思绕了一个大弯子，由古之道认识今天的现实，还要再返回古代原初之道。

15

古之善为士者，微妙玄通，深不可识。夫唯不可识，故强为之容。豫焉若冬涉川。① 犹兮若畏四邻。②俨兮其若（容）[客]。③ 涣兮若冰之将释。④ 敦兮其若朴。⑤ 旷兮其若谷。⑥ 混兮其若浊。⑦ 孰能浊以静之，徐清？孰能安以（久）动之，徐生？⑧ 保此道者不欲盈。夫唯不盈，故能（蔽不新成）[敝而不成]。

①豫，象之大者。大象多疑，借喻临事迟疑不决者；又有备的意思。《易·既济》："君子思患而豫防之。"《淮南子·说山训》："巧者善度，知者善豫。"高诱注："豫，备也。"

②犹，仰鼻长尾的一种猿类动物，性多疑。犹和豫常相连，成为犹豫，也作犹与，犹疑的意思。《离骚》："心犹豫而狐疑。"也通"猷"，谋划的意思。《诗·魏风·陟岵》："犹来无弃。"《荀子·议兵》："王犹充塞。"

③俨，恭敬、庄重。《论语》："望之俨然。"容，郭店楚简本、马王堆帛书甲乙本、傅奕本、竹书本均作"客"，王弼本误。

④涣，本义流散，水盛的样子。《易·涣卦》正义："涣者，散释之名。大德之人，建功立业。散难释险，故谓之涣。"这里可以理解为闲散、散淡。

⑤敦，厚道、笃实。《韩非子·难言》："敦祗恭厚。"

⑥旷，空旷，引申为开朗、心境阔大。

⑦混,同"浑"。浑,浊也,也有全和齐同的意思。孙绰《游天台山赋》:"浑万象以冥观。"

⑧王弼注:"孰能者,言其难也。徐者,详慎也。"这两句,各本大不相同。《老子》郭店楚简本作:"孰能浊以静者,将徐清。孰能安以动者,将徐生。"马王堆帛书甲乙本作:"浊而静之,徐清。女[安]以重之,徐生。"《文子·道原》引作"浊以静之徐清"来形容道体。既没有"孰能"的设问,也没有"久"字,竹书本也没有"久"字,王弼本误。《六韬·大礼》引太公答周文王问"主位如何"的话:"安徐而静,柔节先定,善与而不争,虚心平志,待物以正。"

古代善于守道做士的人,对世界的认识精微又贯通,看去深不可测。因为难于辨识,所以我只能勉强描写一下他。小心谨慎的样子,好像冬天涉水过河。高度警惕,好像害怕周边邻人的伤害。庄重时像一个客人,闲散时像要融化的冰。敦厚时像纯朴的原木。旷达时像虚空的山谷,混茫时像浑流的浊水。谁能够让浊水停下来,渐渐澄清?谁能够让安定发生变动,渐渐富有生机?能够持受这个道的人从不自满。正因为不自满,所以总是和光同尘、大成若缺的样子。

"微妙玄通,深不可识",可以用《易·系辞上》所谓

"夫《易》，圣人之所以极深研几也。惟深也，故能通天下之志。惟几也，故能成天下之务。惟神也，故不疾而速，不行而至"来阐发《六韬·武启》载太公的话："大智不智，大谋不谋，大勇不勇，大利不利。……圣人将动，必有愚色。"

郭店楚简本没有最后一句。这最后一句也最为难解："能（蔽）〔敝〕不新成"，"能敝而不成"，"能弊复成"，"能敝不成"，各种版本都有，可见歧义之多。能，王引之、刘师培、高明均认为意思同"宁"，刘师培说："言宁损弊而不欲清新廉成。"陈鼓应把王弼本的"蔽不新成"，又改作"蔽而新成"。加"新"字主要取意第22章"敝则新"。蔽、弊、敝被训为通假字，分别是覆盖、隐蔽，弊端，破旧，三者哪个更可取？现在很多学者倾向于帛书乙本的"敝而不成"。丁四新认为，这个"敝"，不能理解为"敝则新"的"敝"。河上公注："蔽者匿光荣。"意思通于第4章和第56章所谓"和其光，同其尘"。综合全章来看，"敝而不成"是和"不盈"处于相因状态，和"盈"相对。盈，满的意思。第45章有所谓"大成若缺，其用不弊。大盈若冲，其用不穷"，我们因此可以将"不成"理解为一种"大成若缺"之"缺""不满"的状态。守道之士的样子是：谨慎敬惕、庄重散淡、敦厚旷达、宽容浑朴，内心谦冲，和光同尘，不追求圆满。这样整章的逻辑就很清楚了。

《文子》引老子曰："是故聪明广智，守以愚；多闻博辩，守以俭；武力勇毅，守以畏；富贵广大，守以狭；德施天下，守以让。此五者，先王所以守天下也。服此道者不欲盈；夫唯不盈。是以弊不新成。"这段话，和本节有不少符合处。

守道之士的例子，我们大概可以参看《史记·留侯世家》中张良的形象。辅佐刘邦，到他分封功臣时，张良说："始臣起下邳，与上会留，此天以臣授陛下。陛下用臣计，幸而时中，臣愿封留足矣，不敢当三万户。"可谓谦恭能让。此后"导引不食谷，杜门不出岁余"。这期间韩信等不少功臣被诛杀。可见，张良谨慎敬惕的"不欲盈"是有先见之明的。不久，刘邦有了换太子的念头，吕后求张良出主意，张良又为吕后出谋划策，保住了太子。接着刘邦率兵出征黥布，让病中的张良作代理少傅，辅佐太子。刘邦战后归来，病情加重，换太子的心情越来越迫切。张良劝说无效，便推说有病，不问政事。最后因为张良请出四皓，让刘邦感到太子羽翼已经长成，才放弃换太子的念头。所以吕后和汉惠帝都很感念张良。张良说："我靠着三寸不烂之舌，当了帝王师，被封为万户侯。作为一个平民来说，这已经到达顶点，我的愿望已经满足了！我愿意抛弃人世间的一切事情，想跟着赤松子去当神仙。"于是他再学辟谷，道引轻身。刘邦死后，吕后专权，张良"混兮其若浊",明哲保身地躲过了朝廷又一段腥风血雨的日子,后来病死家中。这就是所谓"夫唯不盈,故能敝而不成"。

封建专权下有所作为还能全身而退,何其艰难!张良的明哲保身,也让司马迁写《史记》有不少欲言又止的地方。我们推崇范蠡、张良这样的守道之士,无疑大大减弱了我们历史文化中昂扬奋进的一面。

16

致虚极,守静笃。万物并作,吾以观复。夫物芸芸,各复归其根。①

归根曰静,是谓复命。复命曰常,知常曰明。不知常,妄作,凶。知常容,容乃公,公乃王,王乃天,天乃道,道乃久,没身不殆。

①致,求。笃,定。郭店楚简本只存此第一节,作"至虚,恒也;守中,笃也。万物方作,居以观复也。天道员员,各复其根",后有分章墨块;这里"守中",对应第5章"多言数穷,不如守中"。马王堆帛书甲本对应首句作:"至虚,极也;守(情)[静],表也。"乙本改作:"至虚,极也;守静,(督)[笃]也。"《文子》:"嗜欲不载,虚之至

也。无所好憎,平之至也。一而不变,静之至也。不与物杂,粹之至也。不忧不乐,德之至也。"

求虚,最大限度的虚。守静,非常坚定的静。万物一起生长变化,我来观察它们的周而复始。万物繁茂,各回归其本根。回归本根叫静,这也是回归本性。回归本性叫常,懂得这个常道叫明智。不懂得这个常道,恣意妄为,会招致灾祸。懂得常道,才有包容之心。有包容之心,才能公道。有公道之心,才能称王。有公道之心的人称王,才合乎天意。合乎天意,才能得大道。得大道,才能恒久,终身没有危险。

嵇文甫《春秋战国思想史话·老子》:"这就叫人虚心静气,坐观天下之变。尽管万物纷然并起,但最后都还得回到它的老根。回到老根就静下去,静下去就算回复自然之命,回复其自然之命就算得其常道。认识这个常道叫作'明'。不认识这个常道而胡乱作为,就要受灾害了。"

本章有两个明显指向,一是精神修炼,所谓致虚、守静、归根、知常,后来被道教所用;二是尊王治国,就是所谓君王术,兵家、法家思想均有,成为中国政治的一个传统。章太炎说:"老子之道最高处,第一看出'常'字,第二看出'无'字,第三发明'无我'之意,第四倡立'无所得'三字为道德之极则。"

本章和下章的关联，以及和第 25 章的对读，君王术的本意还是很显然的。"容乃公，公乃王，王乃天，天乃道，道乃久"，这是古代哲学论述常见的一个不断扩张的逻辑，但扩张的路径是没有的，"公"并不是"王"的必要条件，更别说必要且充分条件了。王不公，怎么样？这些命题往往只能做一个描述来领悟，难以细究，如此表述形成了中国传统文化逻辑不够严谨的致命缺憾。

17

太上，下知有之。其次，亲而誉之。其次，畏之。其次，侮之。信不足焉，有不信（焉）。①悠兮其贵言，②功成事遂，百姓皆谓我自然。③

18

大道废，有仁义。慧智出，有大伪。六亲不和，有孝慈。④国家昏乱，有（忠）[贞]臣。⑤

①本句郭店楚简老子、北大竹书本均作："信不足，安有不信。"王弼本以"焉"为"安"，句末"焉"字为衍。

②悠，《尔雅》："悠，思也。"《诗·周南》："悠哉悠哉。"《说文》："悠，忧也。"《诗·小雅》："悠悠我里。"又，闲暇的样子，《诗·小雅》："悠悠旆旌。"悠兮，楚简本、竹书本作"犹乎"，合于第15章"犹兮若畏四邻"，以此推之，"思"比较合于老子本意。君上必须要多思，做事才能周全。

③然，样子；自然，自己成为这个样子，不假外力。另，第23章"希言自然"，第25章"道法自然"，以及第51章"莫之命而常自然"，第64章"辅万物之自然而不敢为"，"自然"一词凡五见，是老子创造的词，均作此解，绝非后世所谓的自然界。

④王弼注："六亲，父子、兄弟、夫妇也。若六亲自和，国家自治，则孝慈、忠臣不知其所在矣。鱼相忘于江湖之道，则相濡之德生也。"

⑤忠臣，郭店楚简本、马王堆帛书本、傅奕本、竹书本作"贞臣""正臣"，贞、正同义，应该更符合老子原意。我们后来的古代政治制度对于臣民更强调"忠"，所以"忠臣"成为更流行的本子。由贞、正到忠，颇耐人寻味。

最好的王，无为而治，下面的人仅仅知道有这个王罢了。像孔子赞叹尧："大哉！尧之为君也！巍巍乎！唯天为大，唯尧则之。荡荡乎！民无能名焉。巍巍乎！其有成功也；焕乎，其有文章。"其次是有明显作为，能赢得民众的亲近和赞誉。像齐桓公之霸，也获得了孔子的夸奖："管仲相桓公，霸诸侯，一匡天下，民到于今受其赐。微管仲，吾其被发左衽矣！"再其次是逞强好胜的妄为，引起民众的愤然和侮辱。像商纣王，"资辩捷疾，闻见甚敏；材力过人，手格猛兽；知足以拒谏，言足以饰非，矜人臣以能，高天下以声，以为皆出己之下"。他派主力部队征伐东夷，周武王打过来的时候，在牧野之战中仓促组建的自家军队倒戈，纣自焚而亡。王的信用不足，于是人民不相信他。所以王应该慎思少言，把天下治理好，各得其所，让百姓都说是他们自己成为这个样子的。

《帝王世纪》描写了一个理想的乌托邦：

> 天下太和，百姓无事，有五老人击壤于道，观者叹曰："大哉！尧之德也！"老人曰："日出而作，日入而息。凿井而饮，耕田而食。帝力于我何有哉？"

"帝力于我何有哉"，和"百姓皆谓我自然"大同小异。好的管理者，一定让大家觉得自己的行动是他们自己决定的。加缪在《鼠疫》中比较猫与上帝，他说上帝比猫可恶，因为猫耍老鼠仅仅单纯地耍，而上帝弄人，还让人觉得自己有主观能动性。

郭店楚简本、马王堆帛书本第 17 和 18 本来是一章，第二节前还有一个"故"字。下节大意是：

大道废弃，就有了仁义。提倡聪明机巧，就有了虚伪和欺骗。亲戚都不和睦，我们才提倡孝敬和慈爱。国家昏乱，我们才提倡正臣。

根据郭店楚简和马王堆帛书本，尤其是结合第 19 章的楚简本，我们注意到《老子》并不是把仁义、孝慈、贞臣一并弃绝的，只是认为相比大道和无为而言，它们是次一级的。徐梵澄《老子臆解》："老子盖由洞明历史而成其超上哲学者。旷观乎百世之变，而自立于九霄之上，下视人伦物理，如当世之者，若屑屑不介意，独申其还淳返朴之道，此在其理论亦无可非难。"

19

绝圣弃智，民利百倍。绝仁弃义，民复孝慈。绝巧弃利，盗贼无有。此三者，以为文不足，[①]**故令有所属。见素抱朴，少私寡欲。**

[①] 文，有文采。《易·系辞下》："其旨远，其辞文。"《左传·襄公二十年》载孔子的话："言之无文，行而不

远。""言之无文"和"文不足"同义。文不足，郭店楚简本作"辩不足"。

本章紧承上章观点。郭店楚简本作：

> 绝知弃辨，民利百倍。绝巧弃利，盗贼无有。绝为弃虑，民复季子。三言以为辨不足，或命之或乎属。视素保朴，少私寡欲。

意思是：弃绝聪明和争辩，对人们将有更大的好处。弃绝机巧和逐利之心，盗贼就没有了。弃绝虚伪和担忧，人们会重返赤子状态。这三种言论的表达还有不足，或者需要一个更深刻的根底：葆有简素和纯朴的人生追求，减少私欲。

"绝为弃虑"，李零释读为"绝伪弃诈"。这个释读无疑更为鲜明，但不少学者提出，伪和诈是特别负面的概念，没有哪个人会公开主张伪诈，所以绝伪弃诈，谈不上什么高深的思想，《老子》的论述也就因此缺乏针对性。其实，如果我们理解为老子反对现实中的诡道治国，针对性不仅没有消失，反而更强了。李中华、裘锡圭先生举出不少例子来说，很多古人主张"为"和"虑"，所以释读为"绝为弃虑"更为稳妥。《文子·道原》："夫至人之治也，弃其聪明，灭其文章，依道废智，与民同出乎公。约其所守，寡其所求，去其诱慕，除其嗜欲，捐其思虑。"

就通行本而言，这是《老子》唯一一处单独说"圣"，通行王弼本凡三十处，都是"圣人"连用，所以"圣"并不是《老子》原本所要弃绝的。从秦汉之际的帛书甲本就将本章做了很大改动：弃绝所谓的圣人和智者，弃绝所谓的仁义，弃绝机巧和私利。这个改动非常巧妙，恰好对应上章"大道废，有仁义。慧智出，有大伪。六亲不和，有孝慈"，这样特别像专门批判儒家似的。《尹文子》明确指出，仁义和礼乐都是统治的手段。《庄子·胠箧》说："圣人不死，大盗不止。……故绝圣弃知，大盗乃止。……攘弃仁义，而天下之德始玄同矣。"毫无疑问，在战国时代已经有了儒道之争。《老子》在释读和传抄过程中，被不断添加和改头换面，这使得《老子》原意越来越模糊，矛盾也多起来，同时使得这部书涵容量越来越大。

20

绝学无忧。唯之与阿，①相去几何？善之与恶，相去若何？人之所畏，不可不畏。②

荒兮其未央哉！③众人熙熙，如享太牢，如春登台。我独泊兮其未兆，如婴儿之未孩。④儽儽兮若无所归。⑤众人皆有余，而我独若遗。我愚人之心也哉，沌

沌兮。俗人昭昭，我独昏昏；俗人察察，我独闷闷。澹兮其若海，飂兮若无止。⑥众人皆有以，而我独顽（似）[且]鄙。⑦我独异于人，而贵食母。⑧

①唯，《说文》："诺也。"《助字辨略》朱注："唯者，应之速而无疑也。"《论语·里仁》：子曰："参乎！吾道一以贯之。"曾子曰："唯。"阿，通"呵""诃"，责备的意思，郭店楚简本和马王堆帛书甲本径作"唯与诃"。

②本句马王堆帛书乙本作"人之所畏，亦不可不畏人"，北大竹书本没有"亦"字，但"不可不畏"后也有一个宾语"人"。"人之所畏"指侯王，侯王为人之所畏，也不可以不畏惧那些畏惧侯王的人。郭店楚简本作"人之所畏，亦不可以不畏"，句尾一个短横符号后下接"宠辱若惊贵大患若身"章。两者意思明显相连属。

③荒，本义为荒芜，此处作广大、无边际讲，引申为不可信。未央，不尽的意思。王弼注此句："叹与俗相反之远也。"

④孩，《说文》："小儿笑也。本作咳。"马王堆帛书乙本、傅奕本径作"咳"。

⑤儽儽（lěi lěi），颓废的样子。王弼注："若无所宅。"

⑥飂（liáo），风疾速的样子。《淮南子·览冥训》："至阴飂飂，至阳赫赫。"马王堆帛书本作："忽呵其若海，恍

呵其若无所止。"北大竹书本亦作"忽""恍",呼应下章"道之为物,惟恍惟惚"。

⑦以,王弼注:"用也。"有的版本作"已"。有以,有用,同于庄子所谓"其必有以也"。顽似鄙,马王堆帛书乙本、西汉竹简本"似"均作"以"。以,《词诠》:"承接连词,与'而'同。"《礼记·乐记》:"治世之音安以乐,乱世之音怨以怒,亡国之音哀以思。"傅奕本作"顽且鄙",王弼注也作"顽且鄙",据改。

⑧食(sì),供养。贵食母,和"守其母"义同,请参考第52章"天下有始,以为天下母。既得其母,以知其子;既知其子,复守其母。没身不殆"。

弃绝花样繁多的俗学,就不会有忧虑。那些揣着俗学的人,对你应承或者呵责,有什么区别?说你好,或者说你坏,又有什么区别?作为王者是人所畏惧的,所以王者也该有畏惧之心。

那些没有边际的俗学,说是说不完的。众人和乐,像重大祭祀之后享受美味佳肴,像游春登高台。我独自淡泊得木然无示,就像还没有学会笑的婴儿。很颓丧的样子,好像不知道该归依哪里。众人都盆满钵满的,我独自好像丢了东西一样。我守着一颗愚钝的心,很无知的样子;俗人都明白清楚的样子,我独昏昏然;俗人都明察秋毫的样子，我独浑浑噩噩。澹然的时候像大海，迅疾的时候像停不下来似的。众人都追求世用，而我独自混沌未开、粗陋质朴的样子。我独独和别人不一样，而特别看重事物的根本。

各种俗学、私学都有着讲学者的功利目的，《老子》所讲与众不同，因为他只对侯王讲话。韩非子说："明主之国，无书简之文，以法为教；无先王之语，以吏为师。"

在平王东迁后，周王朝势力衰微，各诸侯国的权力越来越大，王朝秩序失衡。很多有思想的人开始给这个礼崩乐坏的社会开药方，这就出现了百家争鸣。我们了解的有兵家、道家、阴阳家、农家、儒家、墨家、法家等等代表人物。春秋稍早，各家争论还不像战国时那么激烈，其实战国诸子的源头多在春秋，老子是春秋末一个博学多识的人，见微知著，所以他较早就注意到"道术将为天下裂""天下多得一察焉以自好"的各种思想产生的苗头。我们后来将道家作为标签贴在他头上，其实老子的思想自身也是很复杂的，何炯说："百家之学，实宗老氏。"他的要义是守雌贵清，无为无不为，功成弗居。本章可以看作老子的自画像，以之区别于其他思想家。本章有个核心词"愚人之心"，《诗·大雅·抑》引当时俗语"靡哲不愚"，还接着解释说："哲人之愚，亦维斯戾。"这就是后人所谓"大智若愚"。《史记·老子韩非列传》记载了老子曾忠告孔子：

"吾闻之,良贾深藏若虚,君子盛德,容貌若愚。去子之骄气与多欲,态色与淫志,是皆无益于子之身。"

《文子》引老子的话:"多闻数穷,不如守中。绝学无忧,绝圣弃智,民利百倍。"意思自然贯通,所以过去很多版本依此断定"绝学无忧"四字宜置于上章。郭店楚简本的出土证明王弼本亦有所依据,不可擅改。在郭店楚简本中,本章上接王弼本第48章,作:"为学者日益,为道者日损。损之又损,以至于无为。无为而无不为。"这足以解释为什么要绝学。为学与为道本是两途:为学要一个问题一个问题下功夫,所以越学越多;而为道相反,"贵食母",要守住根本,别在劳作中忘记了方向。

21

孔德之容,惟道是从。①道之为物,惟恍惟惚。惚兮恍兮,其中有象。恍兮惚兮,其中有物。窈兮冥兮,其中有精。②其精甚真,其中有信。(自古及今)[自今及古],其名不去,以阅众甫。③吾何以知众甫之状哉?以此。④

①孔,大。德,得也,得道。这里是通行王弼本首次

讨论"德"。王弼注第38章:"何以得德?由乎道也。何以尽德?以无为用。以无为用,则莫不载也。……是以天地虽广,以无为心。圣王虽大,以虚为主。"《管子·心术上》:"虚无无形谓之道,化育万物谓之德。"容,动的意思。

②精,本义是粳米,理解起来有一定难度,何谓精?有工具书释为:事物的内在本质,如《庄子·秋水》:"可以言论者,物之粗也;可以意致者,物之精也。""精"通"情",例如《荀子·修身》:"体倨固而心执诈,术顺墨而精杂污。""窈兮冥兮,其中有精"的"精",高亨认为当释读为"情",有的版本也径作"情",很具象,"情,实也",延伸出本性的意思。《孟子·滕文公上》:"夫物之不齐,物之情也。"

③甫,开始。河上公注:"甫,始也。"马王堆帛书本、竹书本作"父","父"通"甫"。众甫、众父,万物的开始。

④胡适认为这里的"此",代指"名"。他说,老子是最早提出名实之争这个问题的人,我们能知万物,多靠"名"的作用。名,是知识的利器。所以老子又主张废名,激起崇拜"无名"。

大德运行,一定处处遵循"道"。道,作为一个实体,恍恍惚惚，隐而不显。恍惚中有象、有物，十分幽暗而细微，其中有"精"，这个"精"是很真确的，其中有个实体。从过去到现在，道的概念一直存在着，我们用它来观察万物。我怎么知道万物的情状呢？就是凭借这个"道"。

"自古及今"，帛书本、竹书本作"自今及古"。究竟是"自今及古"——用今天的情事逆推古之道，还是"自古及今"——用古之道来察今？这反映了认识世界的两种思维方式。《老子》本意当是"自今及古"，因为一来，老子并不是远古帝王的盲目崇拜者，《庄子·天运》里写老子对子贡说："三皇五帝之治天下，名曰治之，而乱莫甚焉。三皇之知，上悖日月之明，下睽山川之精，中堕四时之施。其知惨于蛎虿之尾，鲜规之兽，莫得安其性命之情者，而犹自以为圣人，不可耻乎？其无耻也！"二来阅读《老子》之书，我们注意到他不一般地"能近取譬"，很善于拿身边日常的东西打比方说事谈理。而被后世更改为"自古及今"，古代荒远，道又看不见、闻不到、摸不着，那谁掌握古之道呢？这自古及今是利于玄谈的。请参第14章，是"执古之道以御今之有"还是"执今之道以御今之有"？两处至少应该统一。

22

　　曲则全,①枉则直。②洼则盈,敝则新。少则得,多则惑。是以圣人抱一,为天下式。③不自见故明,④不自是故彰,不自伐故有功,⑤不自矜故长。夫唯不争,故天下莫能与之争。古之所谓"曲则全"者,岂虚言哉。诚全而归之。

　　①"则"的意思,是理解该章的关键。《词诠》:(六)承接连词,表文中对待之关系。……(九)转折连词,与"而"同。两解均可,万不能作"承接连词,于初发见一事之已然状态时用之"解。也就是说,"则"之前为前提,万不能把"则"之后视为前提带来的当然结果。

　　②枉,《论语·为政》:"举直错诸枉,则民服。"《礼记·少仪》"毋循枉"孔颖达疏:"循,犹追述也。枉,邪曲也。人非圆炤,不免时或邪曲,若前已行之,今当改正,不得犹追述己之邪事也。"

　　③抱一,帛书本、竹书本作"执一"。"一"即指"道"。河上公注:"抱,守也。式,法也。圣人守一,乃知万事,故能为天下法式也。天下式,帛书本、竹书本均作

"天下牧"，这个不同版本可以清晰看出《老子》从帝王术到修身养性之间的转变。

④见，读作"现"。

⑤伐，本义指用武器击杀，引申为指对他人的征讨或诛责，又假借为自我夸耀。

因为委曲而得以保全。因为屈就而得以伸展。因为低洼而得以充盈。因为敝旧而得以焕新。因为少取而得以受益。因为贪多而带来惑乱。所以圣人持守大道，把"道"作为治理天下的准则。不自我表现，所以明智。不自以为是，所以得到彰显。不自我夸耀，所以有功。不自满骄傲，所以长久。因为不争，所以天下都不能和他争。过去所谓"曲则全"，哪里是白说的。这么做，确实能够成全自己。

徐梵澄《老子臆解》："老子盖深于易理者也。大化迁流，无瞬间不变。变易，亦道也。此言曲全、枉正、洼盈、敝新、少得、多惑，皆自然之理，变易之道也。"《文子·微明》："知天而不知人，即无以与俗交。知人而不知天，即无以与道交。……得道之人，外化而内不化。外化所以知人也，内不化所以全身也。故内有一定之操，而外能屈伸，与物推移，万举而不陷。所贵乎道者，贵其龙变也。"

当人身处困境的时候，曲全枉直的确是很励志的话。例如司马迁所说："文王拘而演《周易》；仲尼厄而作《春秋》；屈原放逐，乃赋《离骚》；左丘失明，厥有《国语》；孙子膑脚，《兵法》修列。"人遭遇不幸时，要眼光长远。成就功业，往往需要隐忍。上峰昏聩，我们不能都去做比干和伍子胥。箕子佯狂，微子去之，都是曲则全的好例子。平时做事也一样，有时未必可以用简明的手段完成，需要一点点策略。像邹忌讽齐王纳谏、触龙说赵太后也都是曲则全的例子。但我们万不可以把曲全枉直搞得没有原则，委曲媚上以取容。周勃、陈平虽有复汉之功，但也难逃阿附吕后，见风使舵之讥。曲全背后折射的往往是生存环境的严酷，《庄子·天下》说："人皆求福，己独曲全。曰，苟免于咎。"憨山注《老》："司马迁尝谓韩信，假令学道谦让，不伐己功，不矜其能。则庶几于汉家勋，可比周召太公之徒矣。意盖出此。"

曲全—抱一—不争，这是本章的展开逻辑。《尚书·大禹谟》载舜帝告诫禹说："汝惟不矜，天下莫与汝争能；汝惟不伐，天下莫与汝争功。……人心惟危，道心惟微；惟精惟一，允执厥中。""人心惟危，道心惟微；惟精惟一，允执厥中"十六个字，便是儒学传统中著名的"十六字心传"。《荀子·解蔽》篇亦有："故《道经》曰：'人心之危，道心之微。'危微之几，惟明君子而后能知之。""允执厥中"，和《老子》所谓"守中""抱一"思想是相通的。

23

希言自然。①**故飘风不终朝，**②**骤雨不终日。孰为此者？天地。天地尚不能久，而况于人乎？**

故从事于道者，道者同于道，德者同于德，失者同于失。同于道者，道亦乐得之；同于德者，德亦乐得之；同于失者，失亦乐得之。信不足焉，有不信焉。

①《太平御览·道部一》："希言自然者，谓因言悟道不滞于言，合自然也。"憨山注《老》："惟希言者，合乎自然耳。""希言自然"四字向来难解，"自然"究竟何指？这里应该和第17章"悠兮其贵言，功成事遂，百姓皆谓我自然"的"自然"同义，"希言"、"贵言"，意思也大致相同。

②故，过去多解释为"因此"，致使本章难以索解，又让很多学者怀疑"故"是衍字，主张删掉它。马王堆帛书无"故"字。飘风，疾风。

作为侯王，少说"自己成就自己"这样的话。无物长久，侯王要懂得"变"的道理。原来疾风一早上就完了，暴雨一天就结束了。谁造成这个现象呢？天地。天地尚且不能持久，何况人呢？侯王要学会"观"、知几，见微知著，选择合适的人来共治天下。原来致事于道的人，致事于道就相互吸引偕同于道；致事于德的人也相互吸引偕同于德；背离道与德的人，物以类聚就偕同于群氓了。偕同于道的人，道也乐于契合他。偕同于德的人，德也乐于契合他。厮混于失去道与德的没有节操者，他们也臭味相投。如果侯王信用有亏，人们就不会信任他。

本章语言破碎，马王堆帛书甲本稍有残损，乙本很完整，可以相互补充还原为：

> 希言自然。飘风不终朝，暴雨不终日。孰为此？天地而弗能久，又况于人乎？故从事而道者同于道，德者同于德，失者同于失。同于德者，道亦德之；同于失者，道亦失之。

老子以"自然"为至高境界，所以通行本《老子》末章说："信言不美，美言不信。善者不辩，辩者不善。"百姓说自己自然是可以的，但作为侯王不可以把"自然"老挂在嘴边标榜，却疏略了实务。这就像"仁"是孔子念念的至高境界，但他向不以"仁"自诩也不以"仁"轻易许人，参《论语·颜渊》："仁者，其言也讱……为之难，言之得无讱乎？"

上章引用"人心惟危，道心惟微"，荀子接着说："故人心譬如盘水，正错而勿动，则湛浊在下，而清明在上，则足以见须眉而察理矣。微风过之，湛浊动乎下，清明乱于上，则不可以得大形之正也。心亦如是矣。故导之以理，养之以清，物莫之倾，则足以定是非、决嫌疑矣。"侯王可不慎乎？所以后面提出了侯王选择和谁共治天下的问题。正因为不可以独夫治国，所以要和人共治天下，所以不宜说自己成就自己，这就是"希言自然"能够总括本章的理由。

"飘风不终朝"和"骤雨不终日"，《后汉书·李杜列传》引《老子》曰："其进锐，其退速也。"杨向奎认为："他要求人们做退一步想，做退一步的事。"这启示侯王要注意底线思维和可持续发展，不能朝令夕改。中国古代很多改革以失败告终，问题便出在这里。改革，要循序渐进，力避激起巨大反弹。著名的国人暴动前夕，周厉王未必没有作为，但矫枉过正，难免会改变既有利益分配格局，后来引起共伯和干政。周厉王就是没有摸清楚他依靠的力量是谁。所以侯王选择和谁共治天下，这是治国的一大关键。成功的改革，像周公、管仲，都是让利于公卿，并考虑民情。所以第 15 章提出："孰能浊以静之，徐清？孰能安以动之，徐生？保此道者不欲盈。夫唯不盈，故能敝而不成。"要做到敝而不成，需要侯王保持一个谦冲的胸怀。

24

企者不立，跨者不行。①**自见者不明，自是者不彰，自伐者无功，自矜者不长。其在道也，曰余食赘行。物或恶之，**②**故有道者不处。**③

①企者不立，帛书甲乙本、竹书本均作"炊者不立"，做饭的人不能老是站着，他需要不时弓腰察看。《老子》一书以做饭为例之处不少，老子本意当如此。后改作"企者不立，跨者不行"，更容易理解。企，一般训为"跂"，踮起脚跟的意思。跨，跨大步。

②物，古代常常作为和"我"相对立的概念，是非我以外的所有人与物，这里可以理解为普通人、众人。《左传·昭公十一年》："不能救陈，又不能救蔡，物以无亲。"

③有道者，帛书甲乙本、竹书本作"有欲者"，也即那些"将欲取天下"者。可见老子并不排斥欲，王弼本第31章"夫佳兵者，不祥之器。物或恶之，故有道者不处"的马王堆帛书本"有道者"亦作"有欲者"。

踮起脚跟站着很难，跨大步也走不多远。自我表现的人不明智，自以为是的人不会显达。自夸的人没有功名，骄傲自满的人不适合做首领。因为对于道来说，自见、自是、自伐、自矜都是羹、画蛇添足。即使普通人都会厌恶这些余食赘行，所以守道之人不会那么做。

本章第二部分，相当于把第22章"不自见故明，不自是故彰，不自伐故有功，不自矜故长"反说，又强调了一遍。这里把自见、自是、自伐、自矜看作余食赘行，启示是：事功仅仅是事功，当一个人完成了某事，其价值就在这个完成的过程中，至于荣誉赏赐等都是附带的，决定并不在自己，不是完成事功者所能主动追求的。侯王更该如此，否则祸患就会接踵而至。第2章解读部分引周公诫子说："德行宽裕，守之以恭者荣；土地广大，守以俭者安；禄位尊盛，守以卑者贵；人众兵强，守以畏者胜；聪明睿智，守之以愚者哲；博闻强记，守之以浅者智。"所以庄子说"至誉无誉"，《老子》则说"太上，下知有之"。

25

有物混成，[①]先天地生。寂兮寥兮，独立不改，[②]周行而不殆，可以为天下母。吾不知其名，字之曰道，强为之名曰大。大曰逝，逝曰远，远曰反。[③]故道

大，天大，地大，王亦大。④**域中有四大，而王居其一焉。**⑤**人法地，地法天，天法道，道法自然。**⑥

①物，这里指"道"。郭店楚简本"物"作"状"，或训为"象"。

②改，变更。郭店楚简本作"亥"。有版本作"垓"，垓，界限的意思。不垓，就是无边无界。

③此三处"曰"，作于是解。大，广大。逝，去、往。反，返、回归。

④本句郭店楚简、竹书本顺序作"天大，地大，道大，王亦大"，马王堆帛书甲乙本、河上公本顺序均和王弼本同。又有本子将"王亦大"改作"人亦大"。古有"三才论"的通说，《易·说卦》："有天道焉，有地道焉，有人道焉，兼三才而两之，故六。"

⑤本句郭店楚简、竹书本作："国中有四大，安。而王居其一，安。"

⑥自然，请参阅第17章注③。梁启超《老子哲学》：" '自然'是'自己如此'，参不得一毫外界的意识。'自然'两个字，是老子哲学的根核。"《魏书》卷十三引周武王的话："神无定方，唯人为主。道协无为，天地是依。"

有一种似有形似无形，似有象似无象的东西，浑然天成,在天地之前就存在了。它独自存在,无所更替,遍行于万物中从不停歇,可以作万物之根源。我不知道它的名字,称它为"道",勉强给它一个名字是"大",广大于是往返无际,往返无际于是幽远杳渺,幽远杳渺于是回归自身。所以道最大,其次天,其次地,侯王也是一大。国中有四大,而侯王居其一。侯王效法地(地势坤,厚德载物),地效法天(天行健),天效法道。道遵从它自己,因为它本来就是这个样子。

结合第16章,老子无疑是尊王的,将王置于域中一大,和天地并列,认为它是一个当然的存在。但他又提出"道",不是人格化的"天"。将"道"实体化,脱离神乎其事的巫术化世界,用哲学王替代政教合一的巫王,所以老子也是我们从神巫世界走向人文的一个标杆,或者说在中华礼乐文明中,老子是周公和孔子两个圣人之间的桥梁。

西方哲学奠基人之一柏拉图在《理想国》中从讨论"个人正义"开始,进而提出"城邦的正义"。正义,是智慧、勇敢、节制三种美德的统一,它不仅属于个人的德性,而且是国家和个人的共同德性。实现这个理想的国度的关键,统治者要是集政治权力和哲学思考于一身的哲学王。要么哲学家变成国王,或者国王或统治者能用严肃认真的态度研究哲学,使哲学与政治相结合。哲学王因拥有以永恒不变的理念为对象的真知识,能正确区分实在、本质和现象，过一种清醒的生活。哲学王从事公职的目的不是为建立个人的非常事业以彪炳史册，而是尽自己对国家的责任。一旦将未来的统治者训练成熟，便飘然引退。这里的哲学王，和《老子》笔下的圣人，异曲同工。只是老子的圣人遵从道，而柏拉图的哲学王遵从正义。

26

重为轻根，静为躁君。是以君子终日行不离辎重。①（虽有荣观）[唯有环官]，**燕处**（超然）[**则昭若**]，②奈何万乘之（主）[王]，而以身轻天下。轻则失本，躁则失君。③

①君子，竹书本作"圣人"，《老子》文本用"君子"除此外仅见第31章"君子居则贵左，用兵则贵右"。《仪礼》郑玄注："天子诸侯及卿大夫有地者皆曰君。"

②荣观，华丽的房子。燕处，闲居。和后句连起来意思是：有华丽的住处，闲居超脱，但万乘之尊的侯王着重一己之身而轻慢了国家的治理，这怎么办？如此解和前后句的逻辑不甚融洽。所以当以郭店楚简本为是："唯有环官，燕处则昭然。"环官，侍卫之官。燕处，也可以理解为

"处堂燕雀"的缩略。《吕氏春秋》讲,有燕雀生活在一个屋子里,母子融融泄泄,煦然其乐,自以为很安稳。突然,屋子里的灶台起火,即将把整个屋子都烧着了,但燕雀神色不变,不知自己也将大祸临头。后来"处堂燕雀"作为成语,比喻生活安定而失去警惕,也比喻大祸临头而浑然不觉。

③郭店楚简本缺本章,马王堆帛书甲乙本均很完整,本句作:"奈何万乘之王,而以身轻于天下。轻则失本,躁则失君。"高明先生认为,后来的本子"主"是"王"字的形误。"轻则失本",这个"本"当作"根",对应首句"重为轻根,静为躁君"。

重是轻的根本,静是躁的主宰(后有所谓以重使轻,以静制动)。所以君子每天出行不离开辎重。虽然有环列的侍卫官专门守护,但燕雀处堂,其潜在危机还是很显然的。万乘之尊的侯王因为一己之身而忘却了治理天下的使命,怎么办?轻,就失去了根本,躁,就失去了所主。

核心意思不外是侯王要以社稷为重,清虚自守,不能轻于离位。例如周穆王,两伐犬戎,西征昆仑,东攻徐夷,南伐荆楚,本来刑帅宇内,威重四海,却因此内无所主,朝政松弛,周朝本有的国土不断被诸侯蚕食。穆王又骄傲享乐,"不恤国事""肆意远游"(《列子》),《左传·昭公十三年》:"昔穆王欲肆其心,周行天下,将皆必有车辙马迹焉。"《史记·周本纪》说:"南巡不还,西服莫附。共和之后,王室多故。""西服莫附"说的就是周穆王,周朝此后进入多事之秋。

刘向《新序》有一则晋文公逐麋的故事。晋文公打猎,追逐一只鹿,追着追着就追丢了,便问路边一个农夫,农夫用脚指路说:"往这边去了。"晋文公问:"你为什么用脚指路?"老农振衣而起,说:"想不到国君这么笨。虎豹被人捕猎,因为它们住够自己闲静的僻处靠近了人类。鱼鳖被人捕捉,因为它们游够深水跑到浅水来了。诸侯亡国,是因为他抛弃自己的民众而远游他处。《诗》说:'维鹊有巢,维鸠居之。'国君外出不归,别人就要做国君了。"

《韩非子》则引用的是赵武灵王故事。赵武灵王在国势鼎盛的时候为了专注于军国大事,把王位禅让给次子赵惠文王,自称主父。这样军政分开,自己专注于对外征战。后来他看到长子公子章对弟弟叩拜,又于心不忍,所以攻灭代国以后,又一度想把赵国一分为二,兄弟并立。前295年,赵武灵王以在沙丘(今河北省邢台市广宗西北)选看墓地为名,让公子章与惠文王随行。赵武灵王和惠文王各居一宫。这样公子章看到了机会,发动变乱,希望夺回属于自己的大位。惠文王有所防备,很快就控制了局面。公子章逃到父亲那里,因此惠文王的部下李兑与公子成包围主父宫，杀了公子章。但他们担心如果赵武灵王清算他们怎么办？于是包围了主父宫长达三个月，一代雄主赵武灵王竟饿死于沙丘宫中。韩非子说："主父，万乘之主，而以身轻于天下。无势之谓轻，离位之谓躁，是以生幽而死。故曰：轻则失臣，躁则失君。主父之谓也。"刘师培按："邦者，人君之辎重也。主父生传其邦，此离其辎重者也。故虽有代、云之乐超然，已无赵矣。"

这就是过去历史教科书所谓："反动的统治阶级是不甘心退出历史舞台的。"拥有权力的人一旦失去权力，就害怕遭到报复，以暴易暴成为中国历史的死结。司马迁执着地书写"禅让"的光辉，就是为了走出这个死循环。

我们民间津津乐道不少皇帝微服私访的传说。其实，微服私访本身非常危险，我们民间经常把它演变为传奇，就是因为这样的真实事件太少了。君上究竟有多少机会接触到自己帝国的真实，这是古代专制帝国难以回答的问题。不了解自己的真实处境，其决策是多么盲目啊。所以就有了君上通过近臣控制的特务系统，以明代为最。太监和钦差，都是皇权的延伸。我们的传统政治越走越阴，越来越缺少阳刚和正大。

27

善行无辙迹，善言无瑕谪，①善数不用筹策，②善闭无关楗而不可开。③善结无绳约而不可解。

是以圣人常善救人，故[而]无弃人；常善救物，故无弃物。是谓袭明。④

故善人者，(不)善人之师。⑤不善人者，善人之资。⑥不贵其师，不爱其资，虽智大迷，是谓要妙。

①谪，指责。
②筹策，古代用于计算用的竹片。
③关楗，门闩。
④袭，相因。《礼记·曲礼》："卜筮不相袭。"马王堆帛书甲本本句作："是以圣人恒善救人，而无弃人，物无弃材，是谓㣈明。"最后的关键词，竹书本亦作"㣈（yì）明"，帛书乙本作"曳明"。曳，引的意思。第16章、第55章均有"知常曰明"。第52章："见小曰明，守柔曰强。用其光，复归其明，无遗身殃。是为习常。"习，因循的意思。这里的"习常"，河上公本、帛书甲本、傅奕本、竹书本等众多本子作"袭常"，所以"袭明"的"袭"与"习常"的"习"

同义。

⑤本句王弼本、河上公本均作"故善人者,不善人之师",而马王堆帛书甲本、北大竹书本均没有"不"字。末句主语,无疑是善人。在句式上还可以参第49章:"善者,吾善之;不善者,吾亦善之。"善人要贵其师,所以"故善人者,善人之师"意胜且早出,也就是孔子所谓"三人行必有我师焉"的意思。《尚书·仲虺之诰》载商汤的话:"能自得师者王,谓人莫己若者亡。"

⑥资,鉴戒。

善于行动的人,不留下车辙痕迹。善于言谈的人,不留下瑕疵让人指责。善于计算的人,不需要筹码。善于关闭的人,不用门闩别人也打不开。善于打结的人,不用绳索别人也解不开。因此,圣人平时善于帮助人,所以不抛弃任何人;平时善于珍惜他物,所以没有什么是废品。这叫"袭明"。所以,善人,都是善人该学习的。不善的人,都是善人该引以为戒的。如果不尊重榜样,不重视鉴戒,即使聪明,也会鬼迷心窍不知所从,这是守道的要妙之处。

第一部分说的是善于做事的人不着痕迹,从根底上找问题的关键,寻求解决办法,行"无为之事""不言之教",这样才能周全。因为周全,人无弃人,物无弃物,各得其所。此处可以进一步参见《庄子》的"无用之用"。既然人无弃人，就是从善人那里学习其长处，从不善的人那里得到教训。第16章说："容乃公，公乃王。"如果侯王做不到这一点，即使看上去聪明也无济于事。《尚书·仲虺之诰》说："能自得师者王，谓人莫己若者亡。"《吕氏春秋·骄恣》篇借李悝演绎说："诸侯之德，能自为取师者王，能自取友者存，其所择而莫如己者亡。"

韩非子为本章举的例子是：周文王得到一块玉版，也就是刻字的玉质文献，纣王想得到这个宝贝，于是派胶鬲去索取，周文王没有答应。于是纣王又派费仲去索取，周文王就给了费仲，他说："胶鬲是贤人，我不能给他，周不希望商贤臣得志；费仲是佞臣，我给他，会让他更得纣王信任，以乱纣心。"《韩非子·喻老》说："文王举太公于渭滨者，贵之也。而资费仲玉版者，是爱之也。故曰'不贵其师，不爱其资，虽知大迷，是谓要妙'。"这个故事，使得"不善人者，善人之资"通于《孙子兵法》不动声色的用间："三军之事，莫亲于间，赏莫厚于间，事莫密于间。"

28

知其雄，守其雌，为天下溪。为天下溪，常德不离，复归于婴儿。知其白，守其黑，为天下式。[①]为天下式，常德不忒，②复归于无极。知其荣，守其辱，为天下谷。为天下谷，常德乃足，复归于朴。朴散则为器。圣人用之则为官长。故大制不割。③

①式，王弼注："模则也。"
②忒，王弼注："差也。"《易·豫》："故日月不过，而四时不忒。"
③大制，大的制作，这里比喻统制天下。割，切断，引申为损害。《书·尧典》："洪水方割。"大制不割，有的版本作"大制无割"。

知道雄强，却甘拜下风，贵柔守弱，做天下的一条溪流。成为天下的溪流，就不会失去平时的德，回归到婴儿的纯真形态。知道什么是光明，却宁愿暗淡无争，做天下的榜样。成为天下的榜样，守着平时的德就不会发生偏差，复归于无边无际的大道。知道什么是荣光，却接受别人的诃责，"旷兮其若谷"。虚怀若谷，"谷得一以盈"，平常的德才会充实，复归于原木一样的浑朴。浑朴的原木经过加工，成为器物。圣人设置百官就用这样的人。于是，统制天下，对人和物都不形成伤害。

第23章提到侯王和谁共治天下的问题，本章进一步回答了这个问题。《六韬·武启》引太公的话："与人同病相救，同情相成，同恶相助，同好相趋。"《文子》说："正身之道，谨选左右。"最为著名的例子就是齐桓公任用鲍叔牙，鲍叔牙给他引荐了管仲，自认为管仲比自己贤能，所以甘居管仲之下。管仲又推荐隰朋："升降揖让，进退闲习，辩辞之刚柔，臣不如隰朋，请立为大行。"因为举止合礼、进退得宜、言辞刚柔相济，隰朋被任命负责外交。齐桓公就是在这几个人的辅佐下，尊王攘夷，九合诸侯，一匡天下。后来的例子还有赵国蔺相如，蔺相如平时的存在感并不强，但他完璧归赵、渑池会秦，怒发冲冠，可谓知其雄。后来位居廉颇之上，引起廉颇不满，但他处处忍让，可谓"知其荣守其辱"，他为国之大公不计私利，让廉颇非常感动，二人因此成为刎颈之交。在廉颇、蔺相如、赵奢、李牧等能臣辅佐下，当时的赵国成为阻挡秦国东进的主力。

"知其雄，守其雌"也可以理解为实力与战略问题。《淮南子》引用周文王故事说，文王在岐励精图治，引起了商纣王的不安，所以商纣王伐东夷之前把文王拘禁在羑里。通过贿赂纣王身边的人，文王才被放回来。文王回到治地就开始营造华丽的住所，大养宫室美女，耽于音乐表演，做出很腐化不求进取的姿态，纣王听到这个消息后说："姬昌改道易行，我就放心了。"于是，纣王继续自己的拒谏饰非和宏图大略，专心去攻打东夷。周文王坐等纣王的过失越来越大，终致天怒人怨。这就是"知荣守辱，为天下谷"。《六韬·明传》载太公的话:"柔而静,恭而敬,强而弱,忍而刚。此四者,道之所起也。"《皇览记·阴谋》也有太公的话:"德盛者守之以谦,威强者守之以恭。"

29

将欲取天下而为之,①吾见其不得已。②天下神器,不可为也。为者败之,执者失之。③

故物或行或随,或歔或吹,④或强或羸,或(挫)[培]或隳。⑤是以圣人去甚,去奢,去泰。⑥

①为,控制、占有。

②已,句末语气词,表示确定,同"矣"。《尚书·洛诰》:"公定,予往已。"

③王弼注:"万物以自然为性,故可因而不可为也,可通而不可执也。物常有性,而造为之,故必败也。物有往来,而执之,故必失矣。"

④歔,吐气,《六书故》:"鼻出气为歔,口出为嘘。"这里和吹相应。吹,吹气让热的东西冷下来。相应地,歔,是嘘气让冷的东西暖起来。河上公注:"歔,温也。吹,寒也。"所以或歔或吹,大致可以理解为:或使之热或使

之冷。

⑤挫，《说文》："摧也。"这里傅奕本作"培"，扶助、培育的意思，当从。隳（huī），毁坏；有的版本作"堕"，堕、隳相通。挫、隳意思不相应，当以"或培或隳"符合此处表述。

⑥泰，骄纵。《礼记》："是故君子有大道，必忠信以得之，骄泰以失之。"《逸周书》卷三载周文王的话："人君之行，不在骄侈，不为泰靡，不淫于美。"

想夺取天下而加以控制，我认为这是办不到的。天下本是神圣的东西，不可以控制或占有。控制它，会归于失败；占有它，就会失去它。世情各异，有的要前行，有的要随后；有的要嘘暖，有的要吹凉；有的强大，有的羸弱；有的要培育，有的要摧毁。因具体人与事的不同，需要采取不同的对待方式。所以圣人要戒除过分、奢侈和骄纵。

老子生活的周朝，王权衰落，很多诸侯想取而代之，所以老子提出："天下神器，不可为也。为者败之，执者失之。"这是和他尊王的思想一脉相承，他大概认为天子专制比公卿专权要好些。传夏禹铸造九鼎，代表九州，作为国家权力的象征。夏、商、周三代以九鼎为传国重器。后来楚国逐渐强大，周定王使王孙满去笼络楚国，楚庄王直接问鼎的大小和轻重如何。王孙满回答说："在德不在鼎。

……周德虽衰，天命未改。鼎之轻重，未可问也。"这是问鼎中原的历史典故，他直接体现了楚庄王"欲取天下而为之"的野心。那时候觊觎天下神器的肯定不止一个楚庄王，所以老子在这里既担心所谓"失其鹿，天下共逐之"，王权解纽容易带来混乱，又特别警惕政治权力的滥用，告诉侯王不可过分、奢侈和骄纵。

30

以道佐人主者，不以兵强天下。其事好还。①**师之所处，荆棘生焉。大军之后，必有凶年。**

善（有）［者］果而已，②**不敢以取强。果而勿矜，果而勿伐，果而勿骄，果而不得已，**③**［是谓］果而勿强。**④（物壮则老，是谓不道，不道早已。）

①好（hào），喜爱，引申为表示物性或事理的倾向，相当于"会""容易"的意思。还（huán），复的意思，引申为偿付、回报。好还，会付出相应代价的意思。

②本句郭店楚简本和竹书本均作"善者果而已"，王弼本"有"字误。果，本义是果实，引申为事情的发生与预期相合、胜利。王弼注："果，犹济也。"《左传·宣公二

年》:"杀敌为果,致果为毅。"后来,果引申为决断。《易·蒙》:"君子以果行育德。"

③已,含义不同于上章,这里是不许的意思。不得已,不得不许,不能不如此、无可奈何的意思。《文子·符言》:"始于无形,动于不得已。"《孟子·滕文公下》:"予岂好辩哉?予不得已也。"

④本句句首郭店楚简本和帛书本均有"是(胃)[谓]"两个字,据补。这是进一步解释"勿矜""勿伐""勿骄",因为出于不得已。既然不得已就该适可而止,不能因此怂恿人主霸凌天下。如此逻辑非常谨严。"勿矜""勿伐""勿骄""不得已""勿强"不是并列关系。

用道来辅佐君主的人,不用军事战争等极端手段霸凌天下。这事容易激起反弹,会付出巨大代价。军队所到之处,荆棘丛生,满目疮痍。战争之后,一定会带来灾荒岁月。只要得到想要的结果就好,决不以此逞强。胜利后不要自大,不要自我夸耀,不要骄傲自满。用军事来取得想要的结果,是因为不能不用这个手段,并不是要逞强好胜霸凌天下。这就叫作"果而勿强"。

(本章郭店楚简本作:"以道佐人主者,不欲以兵强于天下。善者果而已,不以取强。果而弗伐,果而弗骄,果而弗矜。是谓果而不强。其事好长。"没有本章末句括号里的文字，马王堆帛书甲本便开始添加，但还是没有最末"不道早已"四字。流行的王弼本这段话重出于第 55 章。放置于此，比喻过刚则折，可以理解，但终究不如在第 55 章自然紧凑。清代姚鼐已经怀疑这是衍文，可从。）

本章清楚表明战争是政治的延续，是政治冲突最后的解决手段，其代价过于沉重，"不得已"才用。《孙子兵法》第一篇第一句："兵者，国之大事，死生之地，存亡之道，不可不察也。"这和本章上节意思相通。其《谋攻》篇主张："是故百战百胜，非善之善者也；不战而屈人之兵，善之善者也。"《军行》篇："故善战者之胜也，无智名，无勇功。"这和本章下节相通。

我们常说"骄兵必败"，败的可能不单单是军事，因为穷兵黩武而国家败亡的殷鉴比比皆是。第 9 章讲了范文子祈死的故事，大胜之后君骄臣躁，范文子死后不久，晋国果然大乱。

31

夫（佳）兵者，①不祥之器。物或恶之，故有道者不处。君子居则贵左，用兵则贵右。

兵者，不祥之器，非君子之器。不得已而用之，

（恬淡）[铦袭]为上，^②胜而不美。而美之者，是乐杀人。夫乐杀人者，则不可得志于天下矣。

吉事尚左，凶事尚右。偏将军居左，上将军居右。言以丧礼处之。杀人之众，以哀悲泣之。战胜，以丧礼处之。

①郭店楚简本、帛书甲乙本均没有"佳"字。王弼本有"佳"字，亦通，不影响文句意思但终究有些绕。兵，本义是兵器。兵器是不祥的东西，锐利好用为上，不需要人为去美饰它。所以裘锡圭先生释下文"铦㦬"为"铦功"，铦和功都是锐利的意思。裘先生见解大概更符合《老子》本意，但后来释读往往把兵扩大为兵事、战争。以军事战争解读"兵"使得本章内容更为宽广，且和随后论述战事相合，完全说得通。《六韬·兵道》载太公答武王问话："圣王号兵为凶器，不得已而用之。"

②傅奕本、王弼本作"恬澹""恬淡"，意思可解。马王堆帛书甲本作"铦袭"，更胜。铦，古时的一种农具，锋利实用，所以又作形容词，意谓锐利。铦袭，可以理解为突然发动敌人意想不到的锐利袭击。《孙子兵法·作战》篇主张"兵闻拙速""兵贵胜，不贵久"，以及《军争》篇"无邀正正之旗，勿击堂堂之阵"，均有类似意思。郭店楚简本、马王堆帛书乙本作"铦㦬"。

兵器，是不祥的东西。普通人都会讨厌它，所以守道之士更不能轻易用它解决问题。士人君子平时以左为尊，用兵的时候才以右为尊。

兵器、战争，是不吉祥的，并不是君子所提倡的东西。只有到万般不得已的情况下，才使用它。用战争解决问题，最好用突袭的方式，迅速让敌人屈服。打赢了战争，但不要趾高气扬。赞美战争的人，是喜欢杀人。喜欢杀人者，不可得志于天下。吉庆的事，以左为尊；凶丧的事，以右为尊。副将下位居左，主帅上位居右。这就是说，用与丧礼相同的方式对待战争。战场上杀了很多人，应该以哀伤悲悼之情对待它。战胜了，用丧礼凭吊死去的生命。

这一章接着上章，仍然在讲述如何对待战争的问题。上章说："善者，果而已。"显然，老子不主张动辄言战，《孙膑兵法·见威王》说："然夫乐兵者亡，而利胜者辱。""国之大事，在祀与戎"，兵争是统治者必须谨慎看待的，当政治手段不能解决问题，被迫发动战争的时候，最好采取速战速决的方式赢得胜利。第 57 章说："以正治国，以奇用兵。"

32

道常无名。朴,虽小,^①天下莫能臣也。侯王若能守之,万物将自宾。^②

天地相合以降甘露,民莫之令而自均。始制有名。名亦既有,夫亦将知止。知止可以不殆。譬道之在天下,犹(川)[小]谷之于江海。

①这里有很多断读方式,有人断作"道常、无名、朴。虽小",或"道常无名,朴。虽小",或"道常无名朴。虽小"。第一种断法是说:道有永恒、无名、浑朴三种气质;第二种断法是说:道常常是无名而浑朴的;第三种断法认为"无名朴"就是"无名之朴",随后第37章论述了"无名之朴"。笔者采用的断法,主要为了对应本章第二节"始制有名",这样本章一分为二,就"无名"和"有名"两种情况综合谈道,这便和王弼本第1章"无名,天地之始。有名,万物之母"对应起来。

②宾,宾服。

道,平时是无名的。浑朴的样子,虽然很细微,隐约不显，但天下万物都受它的节制。侯王如果能执守大道，万物将自然宾服。天地相互作用，以降下甘露，人们都均沾其利，而不需要你去命令他们。（这就是"无为之治"。）万物初造，大道显于世，就开始有名了。既然有名，人们就该守名分，知道行有所止。知道行为止于所当止，就不会有危险。打个比方，道蕴蓄在天下万物之中，就像大江大海与河流溪谷的关系。

杨向奎《先秦思想讲话·先秦诸子》："无名朴，就是道。……一切具体的事物出于朴，朴不可以一器名。有名的全是器，无名的才是朴；有名的是物，无名的是道。有名、无名是道和物的基本区别。"

本章清楚表明，老子所谓"道"是对君王说话。《韩非子·主道》说："道者，万物之始，是非之纪也。是以明君守始以知万物之源，治纪以知善败之端。故虚静以待令。令名自命也，令事自定也。虚则知实之情，静则知动者正。有言者自为名，有事者自为形。形名参同，君乃无事焉，归之其情。"

本章上节谈无名之道，下节则指出侯王在现实中运用"道"的时候，道开始有名，这个名其实就是名分，大家各守职分，此当为"知止"的本义。

郭店楚简存有本章，因为第一部分"宾"字之后有分章墨块，大概曾作两章。马王堆帛书甲本即开始将这两章合二为一，合一后，作道无名/有名的一个对比，很有意味。"天地相合以降甘露，民莫之令而自均"句，像是对"万物将自宾"的一个诗意描述。楚简末句："譬道之在天下也，犹小谷之于江海。"郭店楚简本作"（少）[小]谷"，马王堆帛书甲乙本也是"小谷"，后来作"川谷"，显然是字形讹误。

33

知人者智，自知者明。胜人者有力，自胜者强。知足者富，强行者有志。不失其所者久，死而不亡者寿。

知道别人所思所想所行，叫有智慧；知道自己所长所短所欲，叫有自知之明。能够战胜别人，才叫有力；能够战胜自己，才叫强大。知足的人，才会富有；努力行动的人，才是有志者。不失其道的人，才基业长久；形体朽了，但不会被忘记的人，才叫长寿。

这章非常易解，都是非常励志的名言，连注释都不需要，但韵味无穷。自知、自胜都是非常不易的，因为现实中我们受到各种干扰和诱惑。鹖子说："不肖者，不自谓不肖也，而不肖见于行。虽自谓贤，人犹谓之不肖也。愚者不自谓愚，而愚见于言，虽自谓智，人犹谓之愚。"自知、自胜，按老子的话说，要清静、守中才行。知之不易，行之更难；胜人不易，战胜自己更难。知足，并自强不息，这需要强大的内在动力和不懈的坚持。我们一介之躯、有涯之生，都要面对死亡。学会死亡，是人一生的追求，我们如何脱离这个铁门限，只有精神不朽。《左传·襄公二十四年》："太上有立德，其次有立功，其次有立言，虽久不废，此之谓不朽。"立德是基础，立功需要有位，德位相配需要一定的时运，俗话所谓"时势造英雄"，这就是大家常说的命运。有德无位，只能立言。——有什么我们自己反复体悟，而先贤没有说过的话呢？即使有，我们如何传达给他人呢？请参第1章释读。

34

大道泛兮，其可左右。①万物恃之(而)[以]生而不辞，功成而不名有。

衣养万物而不为主，常无欲，可名于小。万物归焉而不为主，可名为大。以其终不自为大，故能成其大。②

①左右，我们身边所有的事物。《管子·心术上》："道在天地之间也，其大无外，其小无内。"《庄子·天道》引老子的话说："夫道，于大不终，于小不遗。故万物备。"

②本句与第63章"圣人终不为大，故能成其大"仅仅相差一个"自"字，意思基本相同。

大道广泛作用于这个世界，它显现于我们身边所有的事物中。万物凭借道生长变化，而不离于道；造就万物但不为己所有。

道养育万物但不以自己为主宰，而我们常常带着无欲的执着心来理解本来无欲的道，可以说把道理解得小了，是下德。万物都归于道，但道不把自己当作造物主，可以说是大道，是上德。道始终不自以为崇高广大，所以成就了它的崇高广大。

马王堆帛书本首句残损较多，乙本比较完整，可以还原为：

> 道泛兮，其可左右也。成功遂事而弗名有也。万物归焉而弗为主，则恒无欲也，可名于小；万物归焉而弗为主，可名于大。是以圣人之能成大也，以其不为大也，故能成大。

本章的关键是"无欲"。大道还是小道，就看我们如何来理解"无欲"。总体意思是说:道,随顺万物,无所不在,是广大的,但如果我们带着无欲的执着心,总是自命为无欲,这还只是小道,是次一等的下德。道之大,无欲无求,是因为它本来不自以为大。

此章和第 25 章都清楚表明:老子将"道"视为世界的最高实体来描述的。这里有修身性质的名言:"以其终不自为大,故能成其大。"再次强调"谦受益,满招损"。自满、自大是一种自我遮蔽,也是拒绝更新与成长。

35

执大象,①天下往。往而不害,安平太。②乐与饵,过客止。

道之出(口)[言],淡乎其无味。视之不足见,听之不足闻,用之不(足)[可]既。③

①大象,指道,河上公注:"大象,道也。"王弼认为:"大象,天象之母也。不炎不寒,不温不凉。故能包统万物,无所犯伤。主若执之,则天下往也。"《肇论疏》卷中引老子的话:"大象者,四象之母也。不炎不寒,不温不凉。言若执之,即天下往。今即四像,谓炎温寒凉加风驰

之速也。"第 41 章有所谓"大象无形"。

②安，《经传释词》：乃、于是。

③既，尽。郭店楚简本、帛书甲乙本、傅奕本、河上公本均作"不可既"，意思更准确。

秉持大道，天下归心。如果侯王和投奔而来的人互不伤害，于是一切平安康宁。这就像音乐和美食，会让过往的人都驻足欣赏品尝一样。但用语言表述出来的道，清淡得好像没有什么味道。看它看不见，听它也听不到。但如果运用它，则用之不尽。

上节清楚表明《老子》之道，乃是君王之道。下节详论道的特征，通于第 14 章："视之不见名曰微。听之不闻名曰希。捪之不得曰夷。"（依帛书甲本）后来《孟子·尽心上》说："行之而不著焉，习矣而不察焉，终生由之而不知道者，众也。"《六韬·武启》载太公的话："道在不可见，事在不可闻，胜在不可知。"

本章在郭店楚简中上接王弼本第 17、18 章，作如下文字："太上，下知有之……大道废，安有仁义，六亲不和，安有孝慈，邦家昏乱，安有正臣。"执大象，是要回到提倡仁义孝慈正臣之前的"太上，下知有之"的状态。

36

将欲歙之，①必固张之。将欲弱之，必固强之。将欲废之，必固兴之。将欲取之，必固与之。是谓微明。柔弱胜刚强。

鱼不可脱于渊，国之利器不可以示人。②

①歙（xī），通"翕"。收缩。《淮南子》："为之以歙，而应之以张。"

②利器，精良的工具，这里指权柄。河上公注："利器者，谓权道也。治国权者，不可以示执事之臣也。"唐玄宗注："脱，失也。利器，权道也。此言权道不可以示非人，故举喻云：鱼若失渊，则为人所擒，权道示非人，则当窃以为诈谲矣。"《左传·昭公二十五年》有所谓"家臣不敢知国"。《韩非子·内储说上》："势重者人主之渊也，臣者势重之鱼也。鱼失于渊而不可复得也；人主失其势重于臣，而不可复收也。古之人难正言，故托之鱼。赏罚者利器也，君操之以制臣，臣得之以拥主。故君先见所赏则臣鬻之以为德，君先见所罚则臣鬻之以为威，故曰'国之利器不可以示人'。"

对于一个东西，如果你想收缩它，一定暂且扩张它。如果你想削弱它，一定暂且加强它。如果你想废掉它，一定暂且振兴它。如果你想夺取它，一定暂且给与它。这就叫微明。柔弱能够战胜刚强。就像鱼儿不能脱离它生活的水，君主离不开国家的权柄，这个权柄不可以让他人看到。

上节说柔弱胜刚强的方略，阴谋赫然。《牟子理惑论》引老子的话："设诈立权，虚无自贵。"《孙子兵法·始计》篇："兵者，诡道也。故能而示之不能，用而示之不用，近而示之远，远而示之近；利而诱之，乱而取之，实而备之，强而避之，怒而挠之，卑而骄之，佚而劳之，亲而离之。攻其无备，出其不意。此兵家之胜，不可先传也。"

君主示人以柔弱，只是他没有使用自己的权力罢了。君主之于这种国家权力，就像鱼和水的关系。（参见第26章《韩非子·喻老》所用赵武灵王故事，"邦者，人君之辎重也"。）所以道德家后来衍生出法家是很自然的。司马迁将老庄与申不害、韩非同传，有大义存焉。《韩非子·主道》说："道在不可见，用在不可知；虚静无事，以暗见疵。见而不见，闻而不闻，知而不知。知其言以往，勿变勿更，以参合阅焉。官有一人，勿令通言，则万物皆尽。函掩其迹，匿有端，下不能原；去其智，绝其能，下不能意。保吾所以往而稽同之，谨执其柄而固握之。……此人主之所以独擅也,非人臣之所以得操也。"章太炎《诸子略说》认为,《老子》有民主语,亦有极端政治语;法家者,道家之别子耳。"五千言所包亦广矣,得其一术,既可以君人南面矣。"汉文帝最得老子之术,貌为玄默躬化,其实最擅权制,本好刑名之言。章太炎比较道与儒说:"老子之术,平时和易,遇大事一发而不可当。……历来承平之世,儒家之术,足以守成。戡乱之时,即须道家,以儒家权谋不足也。凡戡乱之傅佐,如越之范蠡,汉初之张良、陈平,唐肃宗时之李泌,皆有得于老子之道。盖拨乱反正非用权谋不可,老子之真实本领在此。"

《晋书》和《世说新语》均载:晋明帝问大臣,司马家族何以得天下。王导于是就把司马懿如何图谋曹魏权力,步步为营和盘托出。魏明帝病重,任命曹爽和司马懿为顾命大臣,辅佐太子曹芳。曹爽骄奢,与司马懿相争,司马懿处处礼让,而后装病不朝,让曹爽自以为大权独揽,根基稳固。后来曹爽带正始帝曹芳等出城拜祭魏明帝,司马懿在洛阳突然发动高平陵政变,诛杀曹爽一族及其党羽,血雨腥风。司马懿死后,司马师擅权,他废掉曹芳,改立年仅13岁的高贵乡公曹髦为傀儡皇帝。司马师死后,司马昭又弑杀曹髦。晋明帝听到这里,掩面伏床说:"若像您说的这样,国祚怎么可能长久!"

37

道常无为而无不为。侯王若能守之,万物将自化。化而欲作,吾将镇之以无名之朴。①无名之朴,夫亦将(无)[不]欲。②不欲以静,天下将自定。③

①镇,抑制、制止。无名之朴,梁启超《老子哲学》:"所谓'无名之朴',就是把名相都破除,复归于本体了。"

②无欲,郭店楚简本作"知足",河上公本、敦煌甲本作"不欲"。意皆通。以"不欲"意更胜一筹。

③自定,郭店楚简本与王弼本如是;而河上公本、敦煌甲本均作"自正"。第57章:"我好静而民自正。""正"和"定",都是各得其所的意思。

道常常是无为的,其最后无所不为、无所不成。侯王如果能守着这个道,天下万物都将自我化育、生长。如果这个过程出现了异常和私欲,治理者将用无名之朴来加以抑制。无名之朴,就是难以缕述的质朴,它将让万物在化育中无所欲求。用清静来抑制主观欲求,天下万物自然就各得其所了。

首句，郭店楚简本作"道恒无为也"。竹书本没有"也"字。帛书甲乙本作"道恒无名"。《老子》第48章（郭店楚简本亦存）也明确提出"无为而无不为"的思想。《文子》说："夫道，无为无形，内以修身，外以治人，功成事立，与天为邻，无为而无不为。"无为，怎么就无不为了呢？《管子·形势解》："明主不用其智，而任圣人之智；不用其力，而任众人之力。故以圣人之智思虑者，无不知也。以众人之力起事者，无不成也。"《慎子》："臣事事而君无事。"《韩非子》："人君无为，臣下无不为。"也有学者认为，无为、无不为，是同一硬币的正反两面。胡适说："道的作用只是万物自己的作用，故说'道常无为'。但万物所以能成万物，又只是一个道，故说'而无不为'。"另一种说法，"无为"就是不要逆着"道"做事；"无不为"就是对于合乎"道"的事情一定要做。更可怕的解释是：无为，不妄为；无不为，就是如果合乎"道"的目的，手段则不可胜用。这就和马基雅维利《君王论》的不择手段同一个意思了。

以上是《道经》，此后则称《德经》。都是取首字作篇名，未必有什么特别深意。楚简本、帛书本、竹书本、敦煌写本等众多文物出土后，《老子》究竟是《道经》在前，还是《德经》在前，成为一个问题。如果《德经》在前，那么本章就是最后一章，所以有学者认为本章是《老子》

的"序",因为很多古书把序言放在最后。这样本章就是对《老子》的写作目的作了一个总的说明。但郭店楚简中,本章上接"为之者败之,执之者失之……是故圣人能辅万物之自然,而弗能为也",下接"为无为,事无事,味无味",内在理路很清晰。所以即使本篇曾经作为《老子》序,也是后人编纂所致。

38

上德不德,是以有德。下德不失德,是以无德。上德无为而无以为。①(下德为之而有以为。)上仁为之而无以为。上义为之而有以为。上礼为之而莫之以应,则攘臂而扔之。②故失道而后德。失德而后仁。失仁而后义。失义而后礼。夫礼者,忠信之薄而乱之首。

前识者,③道之华而愚之始。是以大丈夫处其厚,不居其薄。处其实,不居其华。故去彼取此。

①以,用。以为,用"为"的手段来处理世事。《无能子·文王说第一》:"夫无为之德,包裹天地;有为之德,开物成事。"

②攘（rǎng），卷起、撩起。扔，本义是牵引、拉。

③前识，先入为主的臆测。《韩非子·解老》："先物行、先理动之谓前识。前识者，无缘而妄意度也。"

上德按"道"自然行事，不刻意于"德"，所以自然保有德。下德谨守着德，生怕失去它，所以本没有德。上德，不先物而动，因事因理，没有主观欲求，无事不成。上仁，努力做事，但没有明确的主观欲求。上义，努力做事，而且有明确的主观欲求。上礼，努力做事，但没有人响应，于是撩起臂膀来拉别人跟自己走。所以失去了道，才讲德。失去了德，才讲仁。失去了仁，才讲义。失去了义，才讲礼。礼这个东西，是缺乏忠信，引起祸乱的开端。先入为主的偏见，是道的不实之花，也是愚蠢的开始。所以大丈夫为人敦厚，远离浅薄。注重实际的成果，不搞花花哨哨的东西。

这章极其重要，因为很多本子是德经在前，本章即是首章。何谓德？德者，得也。也就是说得道就叫德。唐玄宗注老："德者，道之用也。"《管子·心术上》："德者，道之舍，物得以生，生得以职道之精。故德者得也，其谓所得以然也。以无为之谓道，舍之之谓德。故道之于德无间。"请参21章"孔德之容，惟道是从"。郭沫若《中国史稿》第二编第三章第二节"天的观念之利用"指出："从

《周书》和周彝大都是在帝王的立场上所说出的，故尔那儿的德不仅是包含着正心修身的功夫，并且有治国平天下的作用包含在里面的。"杨向奎《宗周社会与礼乐文明》引申说："周公之造'德'，在思想史上、政治史上，都是划时代的大事，由此，传统的'天人之际'，逐渐失去颜色。"

这里把上德、下德，仁、义、礼做了明确的等差，比第18章"大道废，有仁义"要细得多。《文子·下德》："仁义礼乐者，所以救败也，非通治之道也。"《庄子·知北游》："夫知者不言，言者不知。故圣人行不言之教。道不可致，德不可至。仁可为也，义可亏也，礼相伪也。故曰：'失道而后德，失德而后仁，失仁而后义，失义而后礼。礼者，道之华而乱之首也。'"《淮南子·齐俗训》："率性而行谓之道，得其天性谓之德。性失然后贵仁，道失然后贵义。故仁义立而道德迁矣，礼乐饰则纯朴散矣，是非行则百姓眩矣，珠玉尊则天下争矣。凡此四者，衰世之造业，末世之用也。"鹖子说："发教施令为天下福者谓之道，上下相亲谓之和，民不求而得所欲谓之信，除去天下之害谓之仁。仁与信，和与道，帝王之器。凡万物皆有器。故欲有为不行其器者，虽欲有为不成。诸侯之欲王者亦然，不用帝王之器者不成。"《尹文子》说："仁、义、礼、乐、名、法、刑、赏，凡此八者，五帝、三王治世之术也。……故仁者所以博施于物，亦所以生偏私；义者所以立节行，亦所以成华伪；礼者所以行恭谨，亦所以生惰慢；乐者所以和情志，亦所以生淫放；名者所以正尊卑，亦所以生矜篡；法者所以齐众异，亦所以乖名分；刑者所以威不服，亦所以生陵暴；赏者所以劝忠能，亦所以生鄙争。凡此八术，无隐于人而常存于世。"

"上德无为而无以为""上仁为之而无以为""上义为之而有以为"排列本来齐整；"下德为之而有以为"句，郭店楚简本、马王堆简帛本、北大竹书本均无，无疑是后人添加。河上公本和王弼本添加"下德"这句，就无为/为之和无以为/有以为的关系来说，同于"上义"，引起很多讨论，德究竟是不是可以为？什么是上德和下德，通常解释为大德和小德，或者最高的德和一般的德。如果作为治术，有学者解释说，上德指君上之德，郭店楚简《唐虞之道》讲尧舜禅让："禅也者，上德授贤之谓也。上德则天下有君而世明，授贤则民兴效而化乎道。"陶鸿庆认为："凡不能无为而为之者，皆下德也，仁、义、礼、节是也。"也就是说君上倡守的仁、义、礼、节，都属于"下德"。还有说，下德则指下层普通人的德，这体现了一个对上言说的理论在意识形态化后如何吊诡为约束普通人的律条。杨向奎在《宗周社会的道德学说与政治思想》中说："'德'字在西周是一个新字，它所代表的意义是一种新的思想意识。……'德'对于人民来说，也就是统治阶级在'刑'以外的一个新办法。周人尚'德'的主要意图是用来'和民','和民'而后，就可以证明他们是受命于天了。'德'也不仅是'心思端正'的一个空洞口号，它有着物质的内容，在某些点来说，它相当于后来'赏'字的另一种提法。……如果说'德'是贵族阶级敬天和民的一种手段，那么礼就是维持贵族阶级秩序、维护贵族尊严的一种措施了。"

39

　　昔之得一者，①天得一以清，地得一以宁，神得一以灵，谷得一以盈，万物得一以生，侯王得一以为天下贞。②

　　其致之：③天无以清，将恐裂。地无以宁，将恐发。神无以灵，将恐歇。谷无以盈，将恐竭。万物无以生，将恐灭。侯王无以贵高，将恐蹶。④

　　故贵以贱为本，高以下为基。是以侯王自谓孤、寡、不穀。⑤此非以贱为本邪？非乎？故(至数舆无舆)[致数誉无誉]。⑥不欲琭琭如玉，珞珞如石。⑦

　　①《老子》常用"一"来指称"道"，如第10章"载营魄抱一"、第22章"圣人抱一为天下式"等。

②贞，马王堆帛书本作"正"，正、贞相通。

③致，极也。《尚书·盘庚》："凡尔众，其惟致告。"其致之，这个道理往极端里说。高亨说："致，犹推也，推而言之如下文也。"

④发，震动。蹶，仆倒、失败。这句话，马王堆帛书本和北大竹书本，六个"无以"均作"毋已"，意思也完全变了，见下面释读部分解析。

⑤孤，《孟子·梁惠王下》："老而无子曰独，幼而无父曰孤。"《庄子·盗跖》："凡人有此一德者，足以南面称孤矣。"寡，《广雅·释诂三》："寡，独也。"《小尔雅·广义》："凡无妻无夫通谓之寡。"《孟子·梁惠王下》："寡人非能好先王之乐也，直好世俗之乐耳。穀，本义是五穀、庄稼，引申为养；不穀，不相养。《礼记·曲礼》："于内自称曰不穀。"郑玄注：穀，善也。《左传·僖公四年》："齐侯曰：'岂不穀是为？先君之好是继。与不穀同好，如何？'"杜预注："孤、寡、不穀，诸侯谦辞。"按，亦可以理解为侯王自命天子，所以没有凡间的父亲；无妻无夫，其实就是无匹，没有可以和自己匹配的人；不穀，不食人间烟火。所谓自谦背后又何等自负！

⑥本句帛书甲本作"故致数与无与"，帛书乙本作"故至数舆无舆"；傅奕本作"故致数誉无誉"。高明说："帛书'与''舆'二字均假为'誉'。"高延第说："《庄子·至乐》

篇'至誉无誉'，下又云'天无为以之清，地无为以之宁'云云，正引此章语，尤可证。"就字面来说，"至数誉无誉"与"至誉无誉"可能还是有区别的，尹振环先生就认为"至数誉"是那些臣下不断给予主子们的至高荣誉，例如"山呼万岁"之类，一个清醒的帝王应该知道那"山呼万岁"怎么可以当真呢？

⑦琭琭（lù lù），玉有光泽的样子。珞珞（luò luò），石头坚硬的样子。"琭琭"或作"碌碌""渌渌""禄禄"，"珞珞"或作"硌硌""落落"，连绵词记音而已，均通用。河上公注："琭琭喻少，落落喻多，玉少故见贵，石多故见贱。言不欲如玉为人所贵，如石为人所贱，当处其中也。"宋苏辙注："非若玉之琭琭，贵而不能贱；石之珞珞，贱而不能贵也。"又《后汉书·冯衍列传》有所谓"不碌碌如玉，落落如石"，唐李贤注："玉貌碌碌，为人所贵；石形落落，为人所贱。"憨山注《老》："谓不可视己琭琭如玉之贵，视物落落如石之贱也。苟忘贵贱之分，则人人皆为我用矣。岂非无用之为大用耶？"

本章紧承上章。什么是德？德者，得也，就是得一、得道。大致意思是：

过去那些得一的例子：天得一就清静，地得一就安宁，神得一就灵验，谷得一就充盈，万物得一就生长，侯王得一就会使天下各得其所。从极端方面展开说，天不能清静，恐怕会崩裂；地不能安宁，恐怕会震动；神不能灵验，恐怕会销歇；谷不能充盈，恐怕会干涸；万物不能生长，恐怕死灭；侯王不能有效治理，恐怕会颓败。所以，显贵要以卑贱为根本；高大要以低下为基础。所以侯王自称"孤家""寡人""不毂"。这不是以贱为本吗？不是吗？这使得侯王要保持清醒的头脑，属下天天挂在嘴上给你的那些最高荣誉是万万当真不得的，第17章说："太上，下知有之……百姓皆谓我自然。"不要像光莹的玉那样，贵而不能贱；也不要像坚硬的石头那样，贱而不能贵。

郭店楚简《唐虞之道》："夫古者舜居于草茅之中而不忧，身为天子而不骄。居草茅之中而不忧，知命也。身为天子而不骄，不专也。……方在下位，不以匹夫为轻；及其有天下也，不以天下为重。有天下弗能益，无天下弗能损。极仁之至，利天下而弗利也。"

《庄子·田子方》引老子的话："天下也者，万物之所一也。"既然得一，就无所谓贵贱高下。鹖子说："昔之帝王所以为明者，以其吏也。昔之君子，其所以为功者，以其民也。"如果侯王懂了这个道理，那么哪来的骄矜呢？"处众人之所恶，故几于道。"所以这和《老子》一再主张的"生而不有，为而不恃，功成而弗居""功成身退"就完全在一个理路上了。

结合高明《帛书老子校注》订正，本章为：

昔之得一者，天得一以清，地得一以宁，神得一以灵，谷得一以盈，侯王得一而以为天下正。其诚之也，谓天毋已清将恐裂，谓地毋已宁将恐发，谓神毋已灵将恐歇，谓谷毋已盈将恐竭，谓侯王毋已贵以高将恐蹶。故必贵而以贱为本，必高也而以下为基。夫是以侯王自谓孤、寡、不穀，此其贱之本与？非也，故致数誉无誉，是故不欲禄禄若玉，硌硌若石。

高明先生认为这一章，马王堆帛书出土前河上公本最为近真。河上公本和帛书本首句均没有"万物得一以生"。河上公注："致，诫也。谓下六事也。"关键六处"毋已"，即无休止、无节制之意。"致数誉无誉"指的是"侯王自谓孤、寡、不穀"。这个下半篇讲的是贵与贱的问题。全章白话表述过来就是：

过去那些得一的例子：天得一就清静，地得一就安宁，神得一就灵验，谷得一就充盈，侯王得一就会使天下各得其所。这也需要一种预警，天没有休止地清静，将会崩裂；地没有休止地安宁，将会震动；神休止地灵验，将会消停；谷没休止地充盈，将会干涸；侯王没有休止地追求高贵和大位，将会颓败。所以，一定显贵而以卑贱为根本；一定高大而以低下为基础。所以侯王自称"孤家""寡人""不穀"，就是以贱为本吗？不是的。所以侯王称孤道寡，不想像光莹的玉那样宝重，而宁愿像坚硬的石头那样为人所贱。

帛书本的意思首先充满了"一"与"多"的"变"的思想。可见老子思想与《易》的关联，河上公注："言天当有阴阳施张，昼夜更用，不可但欲清明无已时，将恐分裂不为天；言地当有高下刚柔、气节无行，不可但欲安静无已时，将恐发泄不为地；言神当有王相囚死休废，不可但欲灵无已时，将恐虚歇不为神也；言谷当有盈缩虚实，不可但欲盈满无已时，将恐枯竭不为谷；言侯王当屈己以下人，汲汲求贤，不可但欲高于人，将恐颠覆失其位也。"下半节则充满了贵与贱的相对性。如果没有身处低位的民众为基础，高贵何来？隶属者多，也就是多子民，才凸显侯王的尊贵和富有。侯王们单单口头称孤道寡，只是表示自己多么难，多么缺帮手，做老大不容易，大家不要争抢这个位子罢了，并不能体现真的以民为本，以百姓心为心。也许老子看到了侯王"孤、寡、不穀"这些谦辞背后的傲慢心态和独裁本质。

40

反者道之动，弱者道之用。天下万物生于有，有生于无。

朝相反的方向转化，这是道的运行规律。柔弱细微，这是道发生作用的方式。无，派生出有；有，派生出天下万物。

下章"明道若昧，进道若退，夷道若颣"，和第 45 章"大成若缺，其用不弊。大盈若冲，其用不穷。大直若屈。大巧若拙。大辩若讷"，此前第 2 章"天下皆知美之为美，斯恶矣；皆知善之为善，斯不善已。故有无相生，难易相成，长短相形，高下相倾，音声相和，前后相随"，第 22 章"曲则全，枉则直。洼则盈，敝则新。少则得，多则惑"，第 7 章"圣人后其身而身先，外其身而身存。非以其无私邪，故能成其私"，第 34 章"不自为大，故能成其大"，第 36 章"将欲歙之，必固张之。将欲弱之，必固强之。将欲废之，必固兴之。将欲取之，必固与之"，都是"反者道之动"的具体阐释与运用。唐玄宗注本章："反者道之动，此明权也。反者取其反经合义。反经合义者，是圣人之行权，行权者是道之运动，故云反者。弱者道之用，此明实也。弱者取其柔弱雌静。柔弱雌静者，是圣人处实。处实者，是道之常用，故云弱者道之用也。"

结合郭店楚简本、马王堆帛书本，本章当作：

反也者，道之动也。弱也者，道之用也。天下万物生于有，生于无。

什么是反？还有一种常见解释，"反"同"返"。反者道之动，意思就是：道的运动规律是返回源始，让异常的事物回归正常。《老子》文本里这两层意思兼而有之。"弱者道之用"，《老子》文本一再强调"柔弱胜刚强"，以及"守其雌""复归于婴儿"等等。因为柔弱，所以富有生机。水利万物，舌存齿亡，这都是例子，尤其随后第43章阐释得非常清楚。嵇文甫《春秋战国思想史话·老子》："可见他以'弱'为用，正是依照那个'反'字的规律来的。这里面的确有他一套'处世哲学'，带有些权谋术数的色彩，所以能为后来政治家、军事家所利用。"

末句，楚简本只是少了一个"有"字，但非常重要，体现了有无相生的意思，第11章："有之以为利，无之以为用。"应该说，这个表述更符合《老子》原意，但自从帛书乙本开始，现存《老子》文本均作"天下万物生于有，有生于无"，后来形成关于"有无之辩"的一个传统。魏晋玄学就是以辩证"有无"为中心，出现了何晏、王弼"贵无说"与裴頠"崇有论"的对立。王弼越名教而任自然，他说："天下之物，皆以有为生。有之所始，以无为本。"又说："富有万物，犹各得其德，虽贵，以无用，不能舍无以为体也。"以名教为本的裴頠针锋相对："夫至无者无以能生，故始生者自生也。自生而必体有，则有遗而生亏矣。生以有为已分，则虚无是有之所谓遗者也。故养既化之有，非无用之所能全也；理既有之众，非无为之所能循也。"主张名教即自然的郭象进而综合出更为精致的独化论："故造物者无主，而物各自造，物各自造而无所待焉，此天地之正也。"他在《庄子序》中提出："通天地之统，序万物之性，达死生之变，而明内圣外王之道，上知造物无物，下知有物之自造也。"最后提出："神器独化于玄冥之境而源深流长也。"有无之辩大大推动了中国的形而上学。

　　如果《德经》在前，则第 38、39、40 章就是《老子》的前三章，分别阐述了德、得一、道，贯穿起全书最为核心的三个概念。德有级差，它和仁、义、礼都既是修身的范畴，也是治国的理念。上德无为，是最高的境界。上仁已露形迹，但功成弗居。义已经很赤裸裸了，礼实是祸乱的开端。德者，得也。得什么呢？就是得一。得一，才天清地宁，才万物各得其所。侯王得一，才懂得自己的高贵不是永久的，必须以下为基，戒慎戒惧。高贵与卑贱，相依相存，这符合道的运行规律。所以本章就讲道的规律与应用。我们不能只看到所有的，一定要注意所无的。有无相生，变化不竭。

　　以下几章接着讲道。

41

上士闻道,勤而行之。中士闻道,若存若亡。下士闻道,大笑之。不笑不足以为道。故建言有之:①明道若昧,进道若退,夷道若纇,②上德若谷。

大白若辱;③广德若不足;建德若偷;④质真若渝;⑤大方无隅;⑥大器晚成;⑦大音希声;大象无形;⑧道隐无名;⑨夫唯道善贷且成。⑩

①建言,提议的意思,指古语或古谚。
②夷,平坦。纇,丝线的结扣,比喻崎岖不平。
③辱,通"黣"(rǔ),《玉篇》:"垢黑也。"
④建,通"健",刚健。偷,怠惰。
⑤渝,本义是水变污浊。一说,通"窬",本义捷径孔道,比喻空虚。
⑥隅,《玉篇》:"角也。"《诗·邶风》:"俟我於城隅。"
⑦本句郭店楚简本作"大器曼成"。"曼",本义为引的意思,引申为长。也有学者径释为"大器慢成"。马王堆帛书甲本残缺,乙本作"大器免成"。陈柱《老子韩氏说》:"'免成',犹'无成'也。"《帛书老子校注》引楼宇烈曰:

"本章言'大方无隅''大音希声''大象无形',28章言'大制无割'等,加'大'字则其义相反。'方'为有隅,'大方'为无隅;'音'为有声,'大音'则'无声';'象'为有形,'大象'则'无形';'制'为有割,'大制'则'无割'。唯此'大器'则言'晚成',非'器'之反义。长沙马王堆出土帛书《老子》经文,此句甲本残缺,乙本作'大器免成'。'免'或为'晚'之借字。然据上分析,又似非'晚'之借字,而当以'免'本字解为是。29章经文'天下神器',王弼注:'神,无形无方也;器,合成也。无形以合故谓之神器也。''器'既为合成者,则'大器'当为'免成'者,亦即所谓'无形以合'而使之成者。"

⑧本句郭店楚简本、帛书乙本、竹书本作"天象无形",亦通。

⑨本句马王堆帛书本作"道襃无名",襃,"褒"的异体字,盛大的意思。大器免成、道襃无名,则整个表达方式就和"大方无隅""大音希声""大象无形"一致,诚如楼宇烈所谓"加'大'字则其义相反"。

⑩贷,《说文》"施也",《广雅》"予也"。《庄子·应帝王》:"化贷万物而民弗恃。"帛书乙本作:"善始且善成。"始,滋生。《礼记》:"君子念始之者也。"

才识高的上士听说道,尽心尽力践行它。才识一般的中士听说道，似懂非懂，若有所无。才识低下的下士，对它加以讥笑和嘲讽。不足以让才识低下者讥笑，那就不是道。因为道看上去柔弱、浑朴，甚至有些愚钝。所以古语说：光明之道，好像很昏暗的样子；进取之道，好像保守退却的样子；平坦大道，好像崎岖不平的样子。境界最高的德，好像虚空的山谷一样。

最纯的白好像有黑垢一样；宏广之德好像总有所不足；刚健之德好像有所怠惰；质朴纯真好像混浊不清；至大的方正，没有角；至大的器物不要人工合成；至美之音，好像无声一样；至大之象，好像没有形体；至大的道，没有名字。只有道善于辅助万物，且成全它们。

本章根据人对道的态度，分为上士、中士、下士。上士笃行不疑；中士将信将疑；下士丝毫不信，还狎侮得道者。《文子·道德》说："故上学以神听，中学以心听，下学以耳听。"《太平御览·道部一》载老子类似的话："上士学道，受之以神；中士受之以心；下士受之以耳。以神听者通无形，以心听者知内情，以耳听者闻外声。"

《老子》第20章描绘了得道者与众不同的形象：泊兮、儽儽兮、沌沌兮、昏昏、闷闷、顽似鄙。俗话说，曲高和寡，《老子》第70章说："天下莫能知，莫能行……知我者希。"这个世界终究"善者不多"，所以"不笑不足以为道"。河上公注说："下士贪狠多欲，见道柔弱，谓之恐惧，见道质朴，谓之鄙陋，故大笑之。"老子并不对普通人说法。请参见第 1 章释读："道者，可道也，非恒道也"，老子所阐述的道不是平常普通所谓的道。"道隐无名"，第 1 章说："无名，天地之始。"下章，也就是 42 章，接着就是讲道和天地万物的关系。

42

道生一，一生二，二生三，三生万物。①万物负阴而抱阳，②冲气以为和。③

人之所恶，唯孤、寡、不穀，而王公以为称。故物，或损之而益，或益之而损。人之所教，我亦教之。强梁者，不得其死。吾将以为教父。

①一，指"无名之朴"，未开之"混沌"，也有学者说是太极。参考第 31 章，也就是《德经》的第 2 章关于"得一"的相关论述。无名之朴，参考第 37 章，也就是《道经》末章。二，一般说是指阴阳二气，当然也可以理解为《易》的乾和坤，乾为男，坤为女，上古用男女交合拟于天地之造。三，河上公认为是天、地、人。有了天、地、人，也就有了太阳、空气、水、土、生命和灵性，那么化成万

物是自然而然的。

②负，背负，也有凭恃、倚仗的意思，如《庄子·秋水》："负势是犹使蚊负山。"《孟子·尽心下》："虎负嵎，莫之敢撄。"后来甚至演化出抱、怀有的意思，如《史记·苏秦列传》："臣窃负其志。"抱，怀抱。负阴抱阳，河上公说"万物无不负阴而向阳，回心而就日"。如何负，如何抱，不可拘泥，我们可以融通地理解为：万物都是阴阳化成，负有阴阳二气，也便有了阴阳两种属性。

③冲，冲撞激荡的意思，《说文解字》："涌摇也。"

道产生混沌之气，这个混沌之气分为阴和阳，阴阳二气化生天、地、人。天地人的合和之气化生万物。万物都具有阴阳两种属性，阴气和阳气激荡，相互作用达到和。

人们所不喜欢的，少德之人叫"孤""寡""不穀"，而王公们却用这些来作为自己的谦称。所以，万物，包括人，或者有因为受损而得到助益的，也有因为受益而大为减损的。别人教给我的道理，我也这样教诲别人：强横而胡作非为的，不得好死。我把这作为施教的重中之重。

本章上节讲道化生万物的过程，适宜和前面第40章联系起来并为一章理解。万物哪里来，我们从哪里来，这是人之初特别容易发问的问题，也是世界各国早期哲学都面临的问题。"道生一，一生二，二生三，三生万物"，一、

二、三分别是什么，也许每个人都可以做自己的解读。每一种解读都未必是老子本意。甚至，《老子》所述可能就是道生万物，之后才逐渐有了越来越多的形象化描述。《易·系辞上》"易有太极，是生两仪，两仪生四象"，与此类似。《易·系辞上》还说："一阴一阳之谓道，继之者善也，成之者性也。"便有人解读说：太极就是道，两仪是阴与阳。中国古代思想，就在汗牛充栋的注疏甚至过度阐释中不断被书写和构建的。我们没有必要一定把《老子》现代化，尤其是把这个类比为计算机的二进制、量子力学什么的。科学是科学，我们要学会科学的思维，那的确是我们传统文化中隐没不彰、似有非有的。中国传统思想自是中国传统思想，我们对相异文化应该有一个起码的尊重，否则只能是匹夫匹妇，活该被劳心者所治的永久愚民。不尊重相异的文化，也大大违反了老子苦口婆心的"谦受益，满招损"的教导。

本章下节接着讲这个道理，是承着第 39 章"贵以贱为本，高以下为基"讲的，连"侯王自称孤、寡、不穀"的例子都一致。我们注意到禅让的有无聚讼纷纭，那些王公们绝大多数都是因为他们的血统，或者说拼的是爹，是爷爷，不是贤与能。既然已经得到了未必和自己德行相称的高位，如果再骄傲自大，仗势欺人，"不得其死"实在殷鉴不远。所以老子一再给王公们讲：要懂得变的道理，能够应对变化之几，才会基业长久。

章太炎对本章有所批判，他说："老子非特不敢为帝王，亦不敢为教主。""大抵为教主者，无不强梁，如释迦以勇猛无畏为宗，尊为大雄，亦曰调御。而耶稣、默罕默德辈，或称帝子，或言天使，遇事奋迅，有憨不畏死之风。此皆强梁之最也。老子胆怯，自知不堪此任，故云人之所教我亦教之，如是而已。"

本章上下节没有紧密的逻辑关联，所以作为两章读更为合适。

43

天下之至柔，驰骋[于]天下之至坚。①**无有入[于]无间。**②**吾是以知无为之有益。不言之教，无为之益，天下希及之。**

①王弼注："气无所不入，水无所不出于经。"刘师培认为，"无所不出于经"当作"无所不经"，才与"无所不入"相应。河上公注："至柔者，水也。至坚者，金石也。水能贯坚入刚，无所不通。"本句和下句多出"于"字，均据马王堆帛书甲本补。

②间，间隙。《淮南子·原道训》引古本老子作："出于无有，入于无间。"《庄子·养生主》庖丁解牛篇："彼节者有间，而刀刃者无厚。以无厚入有间，恢恢乎其于游刃必有余地矣，是以十九年而刀刃若新发于硎。"

像空气、水等，都是天下最柔和的，却能够在最为坚硬的东西中自由出入。无形的东西，能够渗入没有间隙的东西中。从这我懂得了不干涉、不控制的"无为"是有益处的。不言的教化，无为的益处，掌管天下的人很少能够理解。

本章和第2章"圣人处无为之事，行不言之教"是同一的。只是第2章用"反者道之动"的道的运行规律论证这个观点，而本章则用形象化的空气和水来强调贵柔守雌、执中抱一守静来谈"无为"的益处。《列子·黄帝》记鬻子语："欲刚必以柔守之，欲强必以弱保之。积于柔必刚，积于弱必强。观其所积，以知祸福之乡。"

王船山《读通鉴论》把本章理论与唐代宗时代的藩镇割据、唐武宗时代宦官之祸联系起来："老氏曰：'天下之至柔，驰骋天下之至刚。'此女子小人滔天之恶，所挟以为藏身之固也。……及观仇士良之教其党曰：'天子不可令闲，日以奢靡娱其耳目，无暇更及他事。'然后知其所以驱中材之主入于其阱而不得出者，唯以至柔之道縻系之，因而驰骋之,蔑不胜矣。"

44

名与身孰亲?①身与货孰多?②得与亡孰病?③是故甚爱必大费,多藏必厚亡。④知足不辱,知止不殆,可以长久。

①名,名声,包括好名声和坏名声,也就是誉和毁。身,身体,包括健康与生命。
②货,货物,包括一个人要拥有全部物质财富。
③病,担心。
④本句郭店楚简本作"厚藏必多亡",于义更顺。

个人的毁誉,与其身体和生命,哪个更值得亲赖?身体和生命,与物质财富,哪个更值得看重?得到与失去,哪个更值得担忧?所以贪爱必然引起大的费烦。太多的储藏,必然引起更大的散亡。知道满足才能不招致侮辱,知道适可而止才能不危险,才可以长宁久安。

本章几乎不需要注释就可以按照字面理解。但字面理解很容易,真正入心并践行却很难。名,是外在,悠悠众口，毁誉不由自己，所以常说有求全之毁，有不虞之誉，它值得我们全力以赴地去追求吗？物质财富的价值，仅仅是我们行为的外在条件。但身体与生命，是我们在这个世界上唯一可以基本自主的财产。各种得与失，本来各有因缘，第42章说"或损之而益，或益之而损"，后来还有成语所谓"失之东隅，收之桑榆"，以及"塞翁失马，安知非福"，我们如何知道得失之后的结果呢？尽人事，听天命。作为个体只能安顿好自己，不妄作，不怠惰。我们的欲望什么时候该知足，我们的言行什么时候该适可而止？人生就是分寸的艺术。《易·系辞》说："知进退存亡而不失其正者，其唯圣人乎！"

范雎本来是魏国人，受到诬陷，所以逃到秦国，受到秦昭王重用。秦昭王说："昔周文王得吕尚以为太公，齐桓公得管夷吾以为仲父，今范君亦寡人之叔父也。"范雎做秦相以后，当年帮助他投奔秦国的王稽跟他说："不可预知的事情有三件：君王说不定哪天死去；您可能突然死去；我可能突然死去。毫无办法的事情也有三件：如果君王突然死了，您会因为没有向君王推荐我，让我得到重用，而感到遗憾；如果您突然死去了，会因为还未报答我而感到遗憾；如果我突然死去，您因不曾及时推荐我而感到遗憾。""一饭之德必偿，睚眦之怨必报"的范雎于是推荐王稽做了河东郡守，还散发家里的财物，用来报答那些曾经帮助过他但依然处境困苦的人。范雎为秦国设计了远交近攻的策略，也就是与齐、燕等地理较远的国家交好，将和秦接壤的韩、魏、赵等作为兼并的主要目标，助成秦赵长平之战，为秦一统天下奠定坚实基础。出任秦相多年后，燕人蔡泽跟他说：您记得商鞅、吴起、文种的故事吗？"君之禄位贵盛，私家之富过于三子，而身不退者，恐患之甚于三子，窃为君危之。语曰'日中则移，月满则亏'。物盛则衰，天地之常数也。进退盈缩，与时变化，圣人之常道也。……吾闻'欲而不知足，失其所以欲；有而不知止，失其所以有'。"于是，范雎找机会推托有病，举荐蔡泽代替自己的位置，不久辞归封地，得以终老。

如果将诉说对象定位为侯王，那很多侯王追求所谓千古流芳，所谓不世之功业，所谓金玉满堂，这会带来什么呢？亡身丧国，咎由自取。《老子》反复规戒侯王：要爱惜你自己，要珍惜你既有的福分，要知道你作为人的有限性，不要在权力面前膨胀，要知道高贵与卑下本来相依相存，随时转化的例子少吗？看看那些改朝换代的故事就知道了。纣王，本来富甲天下，才智也很高，但不知所止，等到周武王打过来的时候，他能够全身而退吗？他用自杀维系自己最后的尊严，结果呢？先被连射三箭，再被黄色大斧砍下头颅，悬于大白之旗。后来孟子说："我没有听说周武王弑君，只知道一个独夫民贼死翘翘了。"独夫和孤、寡、不縠的距离，不过一念之间。

45

大成若缺，其用不弊。大盈若冲，其用不穷。大直若屈。大巧若拙。大辩若讷。①

静胜躁，寒胜(热)〔炅〕，清静为天下正。②

①本段郭店楚简本每句句后都有疑为分章符的墨块，最后三句作："大巧若拙。大赢若诎。大直若屈。"马王堆帛书甲本作："大直如屈，大巧如拙，大赢如诎。"均没有"大辩若讷"。结合第81章"善者不辩，辩者不善"在马王堆帛书乙本中作"善者不多，多者不善"，可见"大辩若讷"思想为后来编者所加，《老子》早期文本并没有反对"辩"的文句。

②郭店楚简《太一生水》："湿燥者，寒热之所生也。"《管子·心术上》："毋先物动者，摇者不走，趮者不静，言动之不可以观也。"《淮南子·主术训》："人主静漠不躁。""位"者，谓其所立也。人主者立于阴，阴者静，故曰"动则失位"。阴则能制阳矣，静则能制动矣，故曰"静乃自得"。

本句在郭店楚简本作："枭胜苍，青胜燃，清靖为天下定。"下接王弼本第54章"善建者不拔，善抱者不脱"。就楚简而言，又似乎是和平与战争的对比，意思是：鸟雀聒噪，胜过满目疮痍；草色青青，胜过战火燃烧。人们清静安定才是天下良好的秩序。马王堆帛书甲本作："趮胜寒，寒胜炅，清靓可以为天下正。"炅（jiǒng），热的意思。《素问·举痛论》："卒然而痛，得炅则痛立止。因重中于寒，则痛久矣。"意思是，运动可以驱寒，寒凉能够清热，无病无灾的清静日子才是天下之正。

完满的功业，看上去还有缺憾似的，但它的作用不会衰败。最为充实的东西，看上去好像空虚的样子，但它的作用不会枯竭。最直的东西，看上去有弯曲似的。最大的巧智，看上去是笨拙的。最善辩的言辞，看上去是拙嘴拙舌的。静以制动胜过轻于权位，高冷寒厉胜过头脑发热。侯王清静无为，万物各得其所。

上节论述了"反者道之动"的运行规律，下节"静胜躁，寒胜热"依然是这个思辨和推理模式，最后得出结论"清静为天下正"。请参阅第26章"静为躁君"，第29章"或歔或吹"，因时而动，因物而应，因其势而利导之，"清静为天下正"这个结论，笔者以为并不突兀。作为侯王，只有清静，才能够在事情的萌发状态就意识到并合理应对。

尽管很多学者认为本章宜一分为二，其内在理路还是有的。

46

天下有道，却走马以粪。①**天下无道，戎马生于郊。**

［罪莫大于可欲。］②**祸莫大于不知足。咎莫大于欲得。故知足之足，常足矣。**

①却，除。走马，善跑的马。粪，运送农家肥。
②帛书甲本（乙本残缺）、河上公、严遵、敦煌甲本，均有"罪莫大于可欲"句，郭店楚简本作"罪莫重乎甚欲"，竹书本作"罪莫憯于可欲"，有的本子"可欲"作"多欲"。总体意思大同小异。综上，王弼本误脱此句，当补。

天下循道而行，太平无事，让那些善于奔跑的马除去兵役，回到田间运送农家肥。天下背道而行，战乱纷起，城郊荒僻的地方都有战马出生。

最严重的罪过是欲望太盛。最大的祸患是不知足。最大的错误是非分的占有。所以，满足于知足，则一直不会匮缺。

本章上节讲道与战争。朱元璋说:"明君贤臣在位立纲陈纪,夷来蛮贵貊宾,天下无争,是谓有道。惯战之马驾车以载粪,壮士化兵为农器,即却走马以粪车。""却走马以粪"其实就是削天下之兵,马放南山的意思。《老子》讲战争集中在第30、31章和第69章。下节讲知足常足。前面第33章讲"知足者富",第44章讲"知足不辱"。但,战争这样的事,不单单是欲望问题。当然,一定弥缝将道/欲和知足联系起来,例如王弼"天下有道,知足知止,无求于外,各修其内而已"也不是不可解,但终归勉强。

《文子·符言》引老子的话,有句式和观点和本章下节相近,意思可以相生发:"道者,守其所已有,不求其所以未得。……故福莫大于无祸,利莫大于不丧。故物或益之而损,损之而益。"

马王堆帛书甲本在这两节前均有分章点,所以作两章对待是合适的。这样两层意思非常分明,均会因为单独成章而得到应有的突出。

47

不出户,知天下。不窥牖,①见天道。其出弥远,

其知弥少。是以圣人不行而知，不见而明，不为而成。②

①牖（yǒu），窗户。古代居室的门叫"户"；居室通风采光的口，开在屋顶上的叫"窗"，开在墙壁上的叫"牖"。

②《文子·下德》："目明而不以视，耳聪而不以听，口当而不以言，心条通而不以思虑。委而不为，知而不矜。"

不出门，就知道天下的事理。不通过窗户窥视，就能见天的运行规则。出行越远，所知越少。所以圣人不用外出就多知多识，不用多观察就很明了万物，不用多干涉而能自然成就。

本章文字，很易懂，但在理论上需要综合阅读《老子》才能够理解。首先，老子生活的社会是后来费孝通先生《乡土中国》所说的相对静态和封闭的乡土社会、人情社会。一个年老的智者的经验足以供普通人应对一生的日常。而现代社会，分工越来越细，俗话说隔行如隔山，且是充满了流动性的社会。"秀才不出门，便知天下事"是不可能了。我们不可以把老子的古老思想全部与现代思想对接，更不能教条化、神圣化。后辈学人努力从中找出合理性就好。这个寻找的过程，是对思维最好的锻炼，也就是说思想这个求知行为自身比现成的知识更可贵。

如果结合下章，我们的理解就更顺了。老子独特的思维方式，是一种不断减损，损之又损，以无为用的思维方式。《老子》第81章还说："知者不博，博者不知。"在他看来，博学多闻未必能增加人的识见，相反可能还会造成紊乱。方向对了，战略对了，慢一点也没关系。如果方向和战略错了，南辕北辙，越走越远。上博简《凡物流行》："如欲执一，仰而视之，俯而察之。毋远求，度于身稽之。"人的各类感官也不尽可靠，我们要尊重常识和理性，学会深入的逻辑和推理方法。下面第54章说："以身观身，以家观家，以乡观乡，以邦观邦，以天下观天下。"其实，无论《周易》还是《论语》，基本上都强调从自身和日常生活来推知这个世界。孔子强调举一反三，荀子叫"以近知远，以一知万，以微知明"，"以人度人，以情度情，以类度类"。

48

为学日益，为道日损。①损之又损，以至于无为。无为而无不为。

取天下常以无事。②及其有事，不足以取天下。

①河上公注："学，谓政教礼乐之学也。"王弼注："务欲返虚无也。"马王堆帛书甲本全缺，乙本"为道"作"闻道"，二者有细微差别。郭店楚简本亦同于王弼本作"为道"，全句作："为学者日益，为道者日损。"

②河上公注："取，治也。"王弼注："动常因也。"楼宇烈校释：动，指"取天下"。因，即"因物之性"、"因物之自然"、"因而不为"。

致力于学，是不断增加和积累的过程。而致力于道，则是不断减损的过程。减损，再减损，最后达到了无为的程度。无为的结果是无所不为。常常以清静无事治理天下。等到有事，君主再出来干涉，这是不足以治理天下的。

徐梵澄《老子臆解》说："所谓益也，贵乎由博返约。闻道久，进功深，亦所谓益也。贵乎减约而无为。……事，戎事也。'国之大事，在祀与戎。'……老氏恶军旅之事。取者，治也。戎马仓皇，干戈扰攘，不足以治天下矣。"这里可清晰看到，无为之道的目的是取天下。至于"无为而无不为"，参阅第37章。另《淮南子·原道训》说："是故圣人内修其本，而不外饰其末，保其精神，偃其智故。漠然无为，而无不为也；澹然无治也，而无不治也。所谓无为者，不先物为也；所谓无不为者，因物之所为。""取天下常以无事",也即第63章"图难于其易,为大于其细"。

49

圣人无常心,以百姓心为心。①**善者,吾善之;不善者,吾亦善之,德善。**②**信者,吾信之;不信者,吾亦信之,德信。圣人在天下,歙歙[焉],**③**为天下浑其心。[百姓皆注其耳目焉],**④**圣人皆孩之。**⑤

①马王堆帛书甲本残,结合乙本,作:"圣人恒无心,以百姓之心为心。"

②德,得也;或者理解为意动用法,德善,以善为德。下句"德信"亦同。

③歙(xī),吸气,引申为收敛的意思。王弼本没有"焉"字,据马王堆帛书甲乙本补。北大竹书本作"歙歙然"。高亨按:"歙歙,犹汲汲也。"

④注,灌也,引申为聚集、集中。《周礼·天官·兽人》:"及弊田,令禽注于虞中。"王弼注中引有"百姓皆注其耳目焉",帛书本、竹书本也有类似字句,当据补。马王堆帛书甲本、北大竹书本"注"作"属"。高明《帛书老子校注》:属(zhǔ),也是意念集中的意思。

⑤孩之，以之为孩的意思，就是把百姓都当作孩子。有人认为这是爱护的意思，使百姓像孩子一样回归淳朴。也就通于第 37 章："化而欲作，吾将镇之以无名之朴。"另，傅奕本作"咳之"，通"阂"，阻隔的意思。《晏子春秋》："颈尾咳于天地乎。"高亨《老子正诂》也认为"孩"借为"阂"："上文云'歙歙为天下浑其心'，即谓使天下人心胥浑浑噩噩，而无识无知也。此文云'百姓皆注其耳目，圣人皆孩之'，即谓闭塞百姓耳目之聪明，使无闻无见也，此老子之愚民政策耳。"意思同于第 52 和 56 章"塞其兑，闭其门"。

圣人常常没有自己的心愿，他以百姓的心愿作为自己的心愿。善人，我善待他；不善的人，我也善待他，这是以善为德。讲信用的人，我信任他；不讲信任的人，我也信任他，这是以信为德。圣人治理天下，收敛自己的欲念，为了天下安宁，其心浑朴，没有偏持。百姓都把精力聚集在耳目之闻、声色之好上。圣人则使他们回归到孩子那种淳朴的状态。

"圣人无常心，以百姓心为心"和"圣人不仁，以百姓为刍狗"有没有冲突？"百姓皆注其耳目焉，圣人皆孩之"，究竟是以慈爱之心对待百姓，还是愚民政策？这两点是本章歧义所在。理解本章中间部分，则可以参考第 27 章：

"圣人常善救人，故无弃人。常善救物，故无弃物。是谓袭明。故善人者，善人之师。不善人者，善人之资。"王弼说："各因其用，则善不失也。无弃人也。"

"信者，吾信之；不信者，吾亦信之"，章太炎说："孔、老之于鬼神，措辞含蓄，不绝对主张其有，亦不绝对主张其无。老子曰'以道莅天下，其鬼不神'……孔子曰'敬鬼神而远之'……盖孔、老之言，皆谓鬼神之有无，全视人信不信耳。"信，笃信，精力身心之所注，也是一种自然而然的力量。

50

出生入死。①生之徒，十有三。死之徒，十有三。人之生，动之死地，②亦十有三。夫何故？以其生生（之厚）。③

盖闻善摄生者，④陆行不遇兕虎，入军不被甲兵。兕无所投其角，虎无所措其爪，兵无所容其刃。⑤夫何故？以其无死地。

①出世为生，入地为死。出生入死，这里是本义，即从出生到老死的人生过程。作为成语，借以形容冒着极大

危险，随时有死的可能，这是后来衍生的意思。

②动之死地，人的行动不当到了容易致命的地方。

③生生，前一个生字，是动词，奉养的意思。生生，奉养生命。之厚，到了过分的程度。马王堆帛书本对应文字作："出生入死。生之徒，十有三。死之徒，十有三。而民生生，动皆之死地之十有三。夫何故也？以其生生也。"竹书本大同小异，"生生之厚"的"之厚"是后来增加的。

④摄生，养生、调养生命。

⑤容，通"庸"，用的意思。《管子·大匡》："非夷吾莫能容。"

出世为生，入地为死。从生到死的过程中，得到自然寿限的人大约十分之三，不能寿终的人大约十分之三。本来可以生，却因为行动不当而丢失生命的，又大约十分之三。这是什么原因呢？因为自己的生命是需要奉养的。我听说善于养生的人，在陆地行走不会遇到兕牛老虎等猛兽的伤害，到了战场上不会受到铠甲和兵器的伤害。兕牛没法用上它的角，老虎没法用上它的爪，兵器无法用上它的刃。这是什么原因？因为善于养生的人趋吉避凶，不会把自己置身于死地。

本篇的难点，一是何为"生生之厚"。第 75 章说："民之轻死，以其求生之厚，是以轻死。夫唯无以生为者，是贤于贵生。"这里"贵生"和"生生之厚"意思相近。"生命诚可贵",《易·系辞》说"生生之谓易",《系辞传》说"天地之大德曰生"。生生,后来被形容孳生不绝,生生不息。从生到死,本来是一个自然的过程,人是无法抗拒的。我们看秦始皇,"以天下奉一人"尚不足,被权力蒙蔽了眼睛,一统天下后劳民伤财,追求起虚缈的长生不老,何其荒唐!他突然驾崩于巡行的路上,后事无法安排妥当,秦王朝因此二世而亡。或者说,秦国不过比它扫灭的其他六国多存续了13年罢了。历史很奇怪,汉武帝照样学样,接着去犯秦始皇的错误。嘲笑秦皇汉武的千古一帝唐太宗,英明一世,晚年也迷恋起丹药,"遂致暴疾不救",享年52岁。功业和智商远逊的唐宪宗、宋徽宗、明嘉靖皇帝、清雍正皇帝前赴后继,等而下之。这都是"生生之厚"。《文子·九守》说:"夫人所以不能终其天年者,以生生之厚。夫唯无以生为者,即所以得长生。"在权力和欲望面前,"肉食者"的智商忽高忽低。尊重常识,其实很难。

难点之二是,何为"之死地"?《孔子家语·五仪》载孔子的话说:"人有三死而非其命也,行己自取也。夫寝处不时,饮食不节,逸劳过度者,疾共杀之;居下位而上干其君,嗜欲无厌而求不止者,刑共杀之;以少犯众,以弱侮强,忿怒不类,动不量力者,兵共杀之。此三者,死非命也,人自取之。若夫智士仁人,将身有节,动静以义,喜怒以时，无害其性，虽得寿焉，不亦可乎？"疾杀、刑杀、兵杀，就是置身死地。

养生吊死，是人生最大的学问。周成王在位22年，病倒后，担心儿子姬钊不能胜任国事，下令召公、毕公用心辅佐。他死后，召公、毕公率领诸侯，陪姬钊来到祖庙。《史记》载："申告以文王、武王之所以为王业之不易，务在节俭，毋多欲，以笃信临之，作《顾命》。太子钊遂立，是为康王。康王即位，遍告诸侯，宣告以文武之业以申之，作《康诰》。故成康之际，天下安宁，刑措四十余年不用。"这是正面的例子，后来清醒的帝王如曹丕，他在《与王朗书》中说："生有七尺之形，死惟一棺之土。惟立德扬名可以不朽，其次莫如著篇籍。疫疠数起，士人凋落。余独何人，能全其寿？故论撰所著《典论》诗赋盖百余篇，集诸儒于肃城门内，讲论大义，侃侃无倦。"

51

道生之，德畜之，物形之，势成之。①是以万物莫不尊道而贵德。道之尊，德之贵，夫莫之命而常自然。②

故道生之，德畜之。长之育之。亭之毒之。③养之覆之。生而不有，为而不恃，长而不宰，是谓玄德。

①四个"之"，代指万物。畜，畜养。

②莫之命，没有谁下命令。意思同于第32章"天地相合以降甘露，民莫之令而自均"的"莫之令"。马王堆帛书本这两句作："道生之而德畜之，物形之而器成之。是以万物尊道而贵德。道之尊，德之贵，夫莫之爵而恒自然也。"

③亭，本义是古代设在路旁供过往行人歇宿的房子，这里引申为庇佑、呵护。毒，本义是有害的草，后来引申为治理、安定。《易·师卦》："以此毒天下，而民从之。"王弼注"亭之毒之"说："亭谓品其形，毒谓成其质。"河上公本、竹书本等作"成之熟之"，更易解，但"熟"不是《老子》所提倡的概念，且逻辑上"成之熟之"也不该在"养之覆之"之前，所以李零认为这是后起版本的通俗化。

道生万物，德畜养万物，万物有了具体形态，呈现为生生不息之势。所以万物没有不遵循道的规律，而重视德的。道的尊崇，德的可贵，不假外力，一直本来就是这个样子。

所以说道生万物，德畜养万物。道和德，帮助万物生长、化育万物、庇佑万物、护养万物。生养他们，但不怀着占有之心；因万物本性有所作为，但不自恃有劳；帮助万物生长，但不宰制它们，这叫玄德。

究竟什么是玄德呢？第 10 章有与本章类似的文字。另，第 65 章："常知稽式，是谓玄德。玄德深矣，远矣，与物反矣。然后乃至大顺。"所以玄德，字面意思是深远的德行，也就是按照道的规律办事。这个"道"，不易为普通人理解，也不便给普通人说，所以玄。第 41 章已经明确说："下士闻道，大笑之。不笑不足以为道。"我们一定了解到，古代绝大多数的立言都不可能是针对下层民众的。知识是一种权力，是贵族的工具。我们因此也就理解：后来通过科举等通道向上成为统治阶层同路人的所谓士人，为什么迅速和皇权同流合污？所以，中国古代鲜有真正王者师，王者师和明君一定是配对的。遭遇刚愎自用的高层权力，王者师不过是识文解字的奴才喃喃不忘的呓语，那是做奴隶而不得的梦。这个逻辑，和启蒙主义完全背道而驰。这是今天提倡中国传统文化，必须时时警惕的。如果不打破这个怪圈，我们不会有真正的知识分子。

52

天下有始,①以为天下母。既得其母,以知其子;既知其子,复守其母。没身不殆。②

塞其兑,闭其门,终身不勤。③开其兑,济其事,终身不救。

见小曰明,守柔曰强。用其光,复归其明,无遗身殃。是为习常。④

①始,开始,这里引申为根源。

②王弼注:"母,本也。子,末也。得本以知末,不舍本以逐末也。"

③兑,徐铉说:"当从口从八,象气之分散。"从甲骨的字形看,中间有一个中空的"口"形,《易·说卦》:"兑为口。"兑借为口的象征。奚侗引申兑为人之耳目口鼻。《淮南子·道应训》载太公答武王的话:"夫未得兽者,唯恐其创之小也;已得之,唯恐伤肉之多也。王若欲久持之,则塞民于兑。"门,屋子的出入口,引申为事物的起点、关键。《老子》首章有"众妙之门",《淮南子·原道训》"百事有所出,而独知守其门"。《管子·心术上》:"洁其宫,

阙其门：官者，谓心也。心也者，智之舍也，故曰官。洁之者，去好过也。门者，谓耳目也。耳目者，所以闻见也。"不少学者把兑和门理解为耳目之欲，乃至欲望的通道。王弼注："兑，事欲之所由生也。门，事欲之所由从也。"河上公注："兑，目也。目不妄视也。门，口也。使口不妄言。"孙诒让认为，"兑"当读为"隧"。马叙伦据此引申，"塞其隧"，谓塞其道也。勤，这里作劳苦解。

④习，因袭、遵循，义同第 27 章"袭常"的"袭"，有很多版本"习常"径作"袭常"。第 16 章、55 章，均有"知常曰明"，习常是对"知常"的奉行乃至成为习惯。《文子·下德》引老子的话："善治国者，不变其故，不易其常。"

天下都有一个根源，可以作为天下之母，这就是道。既然认识了这位伟大的母亲，那就可以推知她所生万物的情性。既然认识了万物的情性，就会懂得万物皆归于道，这样终身就没有危险了。塞上耳朵、眼睛等欲望的通道，终身不会劳苦。打开欲望的通道，助成很多不合乎道的悖行，终身都在危险中。观察到那些细微的东西，叫明通，能够守着母性的柔和姿态叫强大。用灵性之光，复归到内在的智慧之明，不会招致灾祸。这叫因循常道。

本章比较难解。第一节，请参阅第 20 章"我独异于人，而贵食母"。王弼说："老子之书，其几乎可以一言以蔽之，噫！崇本息末而已矣。"知子守母，就是崇本息末，也就是说做事要抓根本。郭店楚简本，仅有第二节，作："闭其门，塞其兑，终身不务。启其兑，塞其事，终身不救。"上接"上士闻道……大象无形，道褒无名"，下接"大成若缺，其用不敝；大盈若盅，其用不穷"，所以本节意思该是体悟道"大"的路径，不需外求，诚如第49章"为天下浑其心。百姓皆注其耳目焉，圣人皆孩之"。第二节接着讲如何崇本息末：方法就是"塞其兑，闭其门"，摒弃主观，抓关键，不节外生枝。陈柱说："母者一，子者众，得母知子，举一反三之术也。知子守母，御繁以简之道也。"第三节"见小曰明"，讲要从细微的观察做起，要因循常道。因循常道，说来老生常谈，做起来呢？第50章释读讲了在权力和欲望面前，保有常识也并非易事。郭店楚简本只存本章第二节；马王堆帛书甲本在两节前均有分章点，所以裘锡圭先生主张，本章三节曾作为三章。

53

使我介然有知，[①]行于大道，[②]唯施是畏。[③]大道甚夷，而人好径。[④]

朝甚除，田甚芜，仓甚虚。⑤**服文彩，带利剑，厌饮食，财货有余。是为盗夸，**⑥**非道也哉。**

①介，独异。《尚书·秦誓》："昧昧我思之，如有一介臣。"《韩非子·外储说左下》："夫介异于人臣。"介然，独异的样子，帛书甲本作一个字"擦"。擦，束也，缚也，可以引申为掌握。介然，坚定不移的样子。《荀子·修身》："善在身，介然必以自好也。"很多学者认为，介是芥末、细小的意思，第一句翻译为："假如我稍微有些认知。""介然有知"，帛书本作"擦有知""知"也作"智"，"擦有知"即掌握智识，而"智"是《老子》所不取的。

②大道，大路。《老子》文本只有这一处把道作本义大路来理解。

③施，用。大部分学者训读作 yí，通"迤"，逶迤斜行。《孟子·离娄下》："蚤起，施从良人之所之。"又作改易、废弃解，亦通。《论语》："君子不施其亲。"

④径，《字林》："小道也。"《论语》："行不由径。"《礼记·曲礼》："送丧不由径。"和解作小路的"径"照应，"大道甚夷"的"夷"通常解作"平"，大路很平坦，但人们更喜欢小路、走捷径。其实《老子》第 14 章"视之不见名曰夷"或"捪之不得名曰夷"，也就是说大道本来看不见、摸不得，很幽微，那么与此对应，帛书本作"大道甚

夷，而人好解"，就特别好理解了：大道幽微不显，但智者总是强作解人。

⑤朝，朝堂。除，去除、肃清。《左传·昭公十三年》："公子弃疾为司马，先除王宫。"借作形容词，冷清或被废弃的意思。"朝甚除"，就可以理解为朝堂冷冷清清，或者长期辍朝。总之是侯王不在朝堂处理政事。很多人把"除"解作阶陛，转作形容词就是台阶高高、富丽堂皇的意思了。但我们注意到与"芜""虚"的对应，还是解为冷清更合排比对仗的体式。马寅初、高亨训"涂"为"污"，高明结合《韩非子·解老》"'朝甚除'者，狱讼繁也。狱讼繁则田荒，田荒则府仓虚"，认为这句话的意思是：民之狱讼繁多，官吏忙于审讯，官府污秽肮脏。

⑥夸，本义是奢侈、自大。盗夸，浮夸之道。通常学者结合《韩非子》所引，"盗夸"作"道竽"。竽是大乐器，借来形容大。盗夸便被解作大盗，强盗头子。

假使我（侯王）自命掌握了所谓巧智，来遵行大道，这真正施行起来就很可怕了。大道本来幽微不显，而巧智者强作解人。结果是朝堂冷冷清清，田地荒芜了，仓储也空虚了。但侯王们穿着华丽的衣裳，带着锋利的宝剑，吃够了美食，资财绰绰有余。这就是浮夸之道，不是真正得道。

老子强烈反对以智治国，第 10 章说："爱民治国，能无以知乎？"第 65 章又说："以智治国，国之贼；不以智治国，国之福。"这里描写的正是以知/智治国的景象。王夫之在《读通鉴论》中曾总结说，天下不会亡于庸和愚，因为庸者无能，愚者无知；而是亡于"天下聪明人纷纷用智也"。这是一个残酷的话题，但又是实存的历史规律。

"朝甚除，田甚芜，仓甚虚"，其实就是说，偏离了勤政、重农、仓廪实的根本。"服文彩，带利剑，厌饮食，财货有余"明显是舍本逐末之后的奢侈和浮夸。《韩非子·解老》说："大奸作则小盗随，大奸唱则小盗和。"自古亡国之君多是犯这两条错误，朝上一言堂，不高兴还会很久不上朝共议国事，忽视农业生产；自己锦衣玉食、穷兵黩武、聚敛钱财以奉一己之私。老子反对以智治国，当然有愚民的一面，但考虑到他言说的首要对象是侯王，所以也有警告身居高位者不要耍机巧、玩手段，而忽略治国本来应有的小心谨慎（"治大国若烹小鲜"）和勤勉务实（"图难于其易，为大于其细"）的一面。

54

善建者不拔。[①]善抱者不脱。[②]子孙以祭祀不辍。

修之于身，其德乃真。修之于家，其德乃余。修之于乡，其德乃长。修之于国，其德乃丰。修之于天下，③其德乃普。

故以身观身，以家观家，以乡观乡，以国观国，以天下观天下。④吾何以知天下然哉？以此。

①建，意思和第41章"建德若偷"不同。《说文》："立朝律也。"《尚书·洪范》："建用皇极。"后衍生出建筑、建立、树立等意思。拔，动摇、拔除。王弼注："因其根，而后营其末，故不拔也。"

②脱，脱略、疏漏。王弼注："不贪于多，齐其所能，故不脱也。"

③身、家、乡、国/邦、天下，按这个逻辑顺序，"天下"指的是普天之下莫非王土的周朝，"国"则指封国、诸侯。"国"本作"邦"，因为避刘邦讳而改。

④《管子·牧民》："以家为乡，乡不可为也。以乡为邦，邦不可为也。以邦为天下，天下不可为也。以家为家，以乡为乡，以邦为邦，以天下为天下。毋曰不同生，远者不听。毋曰不同乡，远者不行。毋曰不同邦，远者不从。如地如天，何私何亲？如月如日，唯君之节。"高亨认为大旨与此文同。

善于建造者,他建造的东西不会被毁。善于抱持的,他抱持的东西不会脱掉。子孙对他们敬仰不已,纪念不绝。

他们懂得道,用道来修身,他的德精诚无妄。用道来齐家,他的德就充足有余。用道来感化乡里,他的德兴盛久远。用道来治邦国,他的德丰沛广大。用道来治理天下,他的德周普无私。所以用自己来观察和推知别人,用别人做自己的镜鉴;用自己的家来观察推知别人的家,用别人的家来做自己家的镜鉴;用自己所在乡来观察推知其他的乡,用其他的乡来做自己乡的镜鉴;用自己所在的邦国观察推知其他的邦国,用其他的邦国来做自己所在邦国的镜鉴;用天下的实情来观察和推知天下所以然的大道。我怎样知道天下的情况呢?就是用这个方法。

本章论述的是如何使基业永久的问题。道不远人,无需外求,要从根本的理念开始,从自己的修身开始。所以第47章说:"不出户,知天下。不窥牖,见天道。其出弥远,其知弥少。"第48章又说:"为道日损,损之又损,以至于无为。"这和稍后儒家"修身齐家治国平天下"是同一个逻辑,也是中国传统文化的基本特色,体现了传统士人的基本理念。

但一个道德高尚的人,一定家庭和睦吗?一个家庭和睦的君子,一定具有治乡、治国、安定天下的才能吗?内在逻辑是不太清晰的。较早的例子像讲究仁义的宋襄公引起很大争议。李宗闵说:"若乃诵前圣之言,守已行之制,遭变而不通,得时而不随,夫如是,可谓王莽、宋襄公之言,不足为有道者也。……昔者宋襄公尝为仁义矣,楚人尚诈我必信,彼兵尚奇我必正,用欲以兴商道,霸诸侯,一战而为敌所执,再战而身死国削,为天下僇笑。"毛泽东说:"我们不是宋襄公,不要那种蠢猪式的仁义道德。"像司马光、苏轼都不否认王安石的学问道德,但熙宁变法客观上仍然是加强了中央财政和皇权集中,负面影响极大。守道和权变,对于领导人来说是一个难题。俗语谓:"光脚的不怕穿鞋的。"士人的思维逻辑和政治上非常之人的成功逻辑,是两种逻辑,所以关于"哲学王"怎么着都更像乌托邦罢了。或许,因为老子是对已经拥有大位的侯王说话,所以他强调的是侯王自身的"正心诚意"和战略部署,不必事必躬亲,在不了解具体情况的时候凭个人一己之私、一己之智妄加指挥。

所以中国优秀传统文化的现代性转换,是一个非常长远和艰难的目标和任务。我们还是需要从根子上认识清楚我们自身的优势与先天短缺。如果认识不到这个短缺,一味颂扬所谓优势,这就犹如阿Q的"先前阔",只暴露自身的偏执与愚蠢,绝谈不上进步。

55

　　含德之厚，比于赤子。蜂虿虺蛇不螫，①猛兽不据，②攫鸟不搏。③骨弱筋柔而握固，未知牝牡之合而(全)[朘]作，④精之至也。终日号而不嗄，⑤和之至也。知和曰常。知常曰明。益生曰祥。心使气曰强。⑥物壮则老，谓之不道，不道早已。

　　①蜂虿（chài）虺（huǐ）蛇，蜂、蛇、蝎类毒虫。虿，蛇、蝎类毒虫的古称。虺，传说中的一种毒蛇。螫（shì），叮咬。
　　②据，按、抓。
　　③攫（jué），抓取，这里作形容词用。攫鸟，指鹰隼、鹞子之类的猛禽。《礼记·儒行》："鸷虫攫搏。"《史记·李斯传》："盗跖弗攫。"《索隐》说："凡鸟翼击物曰搏，足取曰攫。"
　　④全，通"朘"，生殖器。作，起。"全作"郭店楚简本、帛书乙本作"朘怒"，怒，竖起。
　　⑤嗄（shà），嘶哑。
　　⑥"益生曰祥，心使气曰强"，这里最有歧义。按照字

面理解是：对生有所帮助叫祥福，用心指使血气叫强。因为第31章"夫兵者，不祥之器"、第78章"受国不祥是为天下王"，两处"祥"字均作吉祥有福解。第33章"自胜者强"、第52章"守柔曰强"的"强"均非贬义。所以字面意思通顺可解；尤其是从句式统一上更容易确立。但更多的学者引《庄子·德充符》"益生"的概念："不以好恶内伤其身，常因自然而不益生。""益生"，过分养生，便和第50章"生生之厚"的意思等同起来。祥，本作征兆，这里被作为凶兆、不祥解。既然益生不祥，"心使气曰强"亦当为贬义，从整节逻辑上说，"益生曰祥，心使气曰强"，自然引出"物壮则老"。后解也通，只是同一句式褒贬不同，费人思量。其实这里牵涉到一个关节点：老子和庄子究竟什么关系，中间确定有传承吗？庄子的确是沿着老子的道展开论述吗？通读老庄，笔者更倾向于认为：老子虽有退隐之意，但《老子》本为侯王谋，热心于救世；而庄子是真正的大隐，其理论指导人安顿个体，苟全于世。章太炎认为《庄子》不欲以老子之权术自污，《老子》多政治语，《庄子》无之；《庄子》多超人语，《老子》则罕言。庄、老之间的传承至今没有太多文献依据。以庄释老，有时会让《老子》失去本意。

　　道德醇厚者，可以比作婴孩。有毒的虫子、蛇蝎都不咬他，虎、狼之类的猛兽不抓他，鹰隼、鹞子之类的猛禽不伤害他。筋骨柔弱但抓握东西很牢固，不知道男女交合那种事，但小鸡鸡会勃起，这是他精完气足。他整天号哭，也不会哑了嗓子，因为他极其和合谐畅。知道什么是和，这是常道。知道常道，这是明智。对生有所帮助，这是祥福。用理性指挥行动，不意气用事，这是强大。如果让生命强大以致衰老，这就不合乎道的规律了。不合道，就会早亡。

　　本章主旨是贵柔守弱，可以说是第 10 章 "载营魄抱一，能无离乎？专气致柔，能婴儿乎"的展开论述。传说帝喾的妃子姜嫄见到巨人的脚印，踏上去就怀孕了。未婚生子，被认为不祥，所以这个孩子被丢到隘巷。牛马经过，并不踩踏这孩子。孩子又被丢到山林中，恰好山林人太多。又被丢到冰面上，竟有飞鸟过来用翅膀给孩子取暖。姜嫄认为这是神意，才收养这个孩子，给他取名叫"弃"。弃长大以后善于农耕，种植五谷，被帝尧封为农师，被帝舜赐号"稷"。后稷子孙繁衍，逐渐强大，铸就了周王朝。这个被写入历史的传说可以作为本章第一节的例证。今人也许认为传说无凭，但它促进一个民族的凝聚力，形成的心理真实不可磨灭。

　　本章下节强调知和、知常，不能过头。它重出于第 30 章，但放在本章逻辑更为紧密。

56

知者不言,言者不知。塞其兑,闭其门,[1]挫其锐,解其(分)[纷],[2]和其光,同其尘,[3]是谓玄同。

故不可得而亲,不可得而疏。不可得而利,不可得而害。不可得而贵,不可得而贱,故为天下贵。

[1] "塞其兑,闭其门"重出于第52章,请参前注。这里有一个主宾问题:谁塞谁的兑,谁闭谁的门?挫、解、和、同,亦有主宾问题。

[2] 分,同"纷",纷乱、争端。郭店楚简本、马王堆帛书甲乙本、竹书本、河上公本均径作"纷"。严遵本、敦煌甲本作"忿"。

[3] 尘,尘埃,这里喻指世俗。

有真知的人不多说话,多说话的人没有真知。堵塞智者的耳目,关闭智者的道路(或欲望之门),磨掉智者的锋芒,理清智者的淆乱,调和智者的光耀,泯同智者于尘俗,这叫玄同。所以有道的侯王,不让智者对自己亲近,也不让他感到疏远。不让智者从王权得利,也不让他觉得受到伤害。不让智者因为依附王权而地位尊贵，也不他感觉受到轻贱。这样的侯王才为天下人所尊贵。

郭店楚简本存有此章，开头作："知之者弗言，言之者弗知。闭其兑，塞其门，和其光，同其尘，挫其锐，解其纷。是谓玄同。"其中"挫其锐"难以辨识，其他与王弼本同。郭店楚简中本章上接"其安也易持也。其未兆也，易谋也。……为之与其无有也，治之于其未乱……百仞之高，始于足下。"下接"以正之邦，以奇用兵"。所以这部分和下章关系紧密。

严遵《老子指归·知者不言章》："知者不言不能专，言者不知道亡身。塞其兑，耳目冥；闭其门，口不言；挫其锐，志所之；解其忿，心所思；和其光，容不奇；同其尘，服不诡。是谓玄同与俗化。不可得而亲，爱不来；不可得而疏，退不离；不可得而利，益不丧；不可得而害，败不危；不可得而贵，爵不高；不可得而贱，损不卑。为天下贵，尊宠奇。"

周王朝衰微，"兵知俱起"，"天子之学，散在四夷"，私学始兴。很多怀有各项知识技能的人，游走各诸侯国，希冀明主支持而一展身手。对于这些人，侯王如何对待？本章便回答这个问题。无疑，这比秦始皇粗暴的焚书坑儒要高明。计然《文子》说："凡为道者，塞邪隧，防未然。……勿使可欲，无日不求。勿使可夺，无日不争。"徐灵胎在《道德经注》中说:"塞其多言之口,则不以议论招尤;闭其出入之门,则不以奔逐劳形;挫折锐气,则柔弱自安;解除其纷乱,则清静自守。和其光滑,同其尘浊,不欲异物。此则与玄妙之道合为一体,无入而不得矣。"朱元璋认为:"塞、闭、挫、解、和、同,此六字,前三字言不张声势,后三字言谦下也。……皆是大人君子幽微之大道。人欲亲,不可见著。"后有学者认为,这是中国古代帝王对知识分子政策的总纲领。高亨认为:"此圣人临民之术,诸'其'字指民言。'塞其兑,闭其门'者,杜民之耳目口鼻,使之无识无知也。'挫其锐'者,折民之锋芒,使之不逞能见贤也。'解其纷'者,解民之纠纷,使之无争无乱也。'和其光'者,混同民之德采,使之不表殊立异也。'同其尘'者,同一民之行绩,使之无舛驰异驱也。如是,天下已致玄妙齐同之境,故曰'是谓玄同'。"

注解表明,本章的释读关键是理清一个主宾问题。大部分解读者将本章变为知者自己要塞、闭、挫、解、和、同,成为自己的修身全己之要、谋事存世之术,使得帝王对自己不可亲、疏,利、害,贵、贱,自成道体,用道统抗衡政统,所以为天下贵。

57

以正治国，以奇用兵，①以无事取天下。②吾何以知其然哉？（以此。）③

天下多忌讳，而民弥贫。④民多利器，国家滋昏。人多伎巧，奇物滋起。⑤法令滋彰，⑥盗贼多有。

故圣人云：我无为而民自化，我好静而民自正，我无事而民自富，我无欲而民自朴。

①奇，河上公注："奇，诈也。天使诈伪之人，使用兵也。"以奇用兵，与《孙子兵法》"兵者，诡道也""兵以诈立"同义。"正""奇"，相对的概念，刘师培认为"奇义同邪"。郭店楚简本作："以正之邦，以奇用兵。"帛书甲本作："以正之邦，以畸用兵。"虽然版本各异，大致意思相同：治国需要堂堂正正，而用兵则阴谋诡诈并用。

②无事，不额外生事，谋事于事情萌芽之初。第48章："取天下常以无事。及其有事，不足以取天下。"第63章："为无为，事无事⋯⋯图难于其易，为大于其细。"

③后文四事即是对"吾何的知其然哉"一问题的回答。根据郭店楚简本和马王堆帛书本和文意，王弼本"以此"

二字为衍。

④忌讳,王弼注说:"所畏为忌,所隐为讳。"郭店楚简本对应之句作"夫天多期韦,而民尔畔",期,约期。韦,相背。期韦,就是爽约、异常。尔,通"弥",《诗·大雅·行苇》:"戚戚兄弟,莫远具尔。"畔,通"叛"。楚简本意思很清晰:天象多异常,会触发民叛。这与前文的"奇"相通,也符合诸多的历史事实,但与通行本意思完全不一样,不如通行本精警旨远。憨山注《老》:"忌,谓禁不敢作。讳,谓不敢言。只如文王之囿七十里,与民共之,刍荛雉兔取之者无禁。即有不便于民者,言之不讳,所以民得安其生。故在上者无事,而民日富。今则杀其麋鹿者,如杀人之罪,取之者死,民有不便,言之者戮,故民不聊生,且又无所措手足。此多忌讳之事,而民弥贫也。"

⑤本句郭店楚简本作"人多知,苛物滋起"。苛物,冗余而复杂的东西。

⑥法令,郭店楚简本作"法物"。有学者怀疑"法物"指明记法令的刑鼎之类。也可以简单解为:法这个东西。

用堂堂正正的姿态治理国家,用阴谋诡诈之术用兵,谋事于事情萌芽之初,以不多事的姿态治理天下。我怎么知道这个样子呢?因为天下的忌讳越多,人们动辄得咎会更加贫困。普通人们拥有很多精良的器具,国家就更加混乱。人们有越多的机巧，无用而复杂的东西就越多。法令越繁苛，偷盗和抢劫就越多。所以圣人说：我不妄为，人们自己就可以受到感化而归其本性。我喜好清静，人们自己就很有条理和秩序。我不生事，人们自己就会致富。我没有私欲，人们就自己过淳朴的生活。

本章鲜明指出：治国之术不可用于兵，用兵之术不可用来治国。治国与用兵本是两途。首句有版本"正"作"政"，意义变窄。法家则把"政"归之于法治。《尹文子》说："政者，名法是也。以名法治国，万物所不能乱。奇者，权术是也。以权术用兵，万物所不能敌。凡能用名法权术而矫抑残暴之情，则己无事焉。己无事则得天下矣。故失治则任法，失法则任兵，以求无事，不以取强。取强，则柔者反能服之。"

"天下多忌讳，而民弥贫"，尽管未必是老子原文原意，但特别精警地指出了钳民之口和文字狱对于国家治理的巨大伤害。河上公注："忌讳者防禁也。今烦则奸生，禁多则下诈，相殆故贫。"贾谊《过秦论》："秦俗多忌讳之禁，忠言未卒于口而身为戮没矣。故使天下之士，倾耳而听，重足而立，拑口而不言。"《国语·周语上》记载了周厉王用卫巫监谤，国人只能"道路以目"，最终引发暴动，自己被放逐到彘地的故事。"防民之口，甚于防川"，成为千古训诫。

本章的中心是"以无事取天下"。"以正之邦，以奇用兵"，完全可以理解为：用堂堂正正的正面威慑各下属诸侯国，用非正常的手段、诡诈计谋用兵，用看似无事地周密运作治理天下。《孙子兵法·谋攻》篇："是故百战百胜，非善之善也；不战而屈人之兵，善之善者也。故上兵伐谋，其次伐交，其次伐兵，其下攻城。攻城之法为不得已。……故善用兵者，屈人之兵而非战也，拔人之城而非攻也，毁人之国而非久也，必以全争于天下，故兵不顿而利可全，此谋攻之法也。"《军争》篇还说："无邀正正之旗，无击堂堂之阵。"随后"夫天多期讳，而民尔畔，民多利器，国家滋昏。人多知，苛物滋起。法物滋彰，盗贼多有"，均可从军事层面理解。所以唐朝王真、明末王夫之、清末章太炎均认为《老子》是一部兵书。不过它和《孙子兵法》多讨论战术不同，而是着重于战略，是哲学家论兵的军事哲学著作。本章最后一节的无为、好静、无事、无欲，和《孙子兵法·军争》篇所谓"善用兵者，避其锐气，击其惰归，此治气者也。以治待乱，以静待哗，此治心者也。以近待远，以佚待劳，以饱待饥，此治力者也"完全相合。

58

其政闷闷，其民淳淳。其政察察，其民缺缺。①祸兮，福之所倚；福兮，祸之所伏。孰知其极？其无正［也］。②正复为奇，善复为妖。③人之迷，其日固久。是以圣人方而不割，廉而不刿，④直而不肆，光而不耀。

①闷闷，昏昧宽厚的样子。王弼注："言善治政者，无形无名无事，无政可举，闷闷然，卒至于大治，故曰'其政闷闷'也。其民无所争竞，宽大淳淳，故曰'其民淳淳'也。"察察，苛细精明的样子。缺缺，高亨等认为通"狭狭"，狡黠诡诈的样子。本句用马王堆帛书甲乙本对勘作："其正闷闷，其民屯屯，其正察察，其邦夬夬。"和通行本的最大区别，一是"正"而非"政"，"正"可以理解为正面，也就是向普通人展示出来的一面，其意思远比"政"更宽广。一是"屯屯"而非"沌沌""淳淳"，聚集的样子；次句"其邦夬夬"，而非"其民缺缺"。《易·夬·象传》说："夬，决也，刚决柔也。"夬夬（guài guài），杀伐果断的样子。

②正，确定、决定，《诗·大雅·文王有声》："维龟正之，武王成之。"这里作定准解。帛书乙本有"也"字，当补。很多学者将"其无正"作疑问句，正是因为忽略了这个"也"字。《文子·符言》引老子的话："无为名尸，无为事任，无为智主。藏于无形，行于无怠。不为福先，不为祸始。始于无形，动于不得已。欲福先无祸，欲利先远害。"章太炎《诸子学略说》："道家老子，本是史官，知成败祸福之事，悉在人谋，故能排斥鬼神，为儒家之先导。""正""奇"、"善""妖"，是两组相对的概念。妖，艳丽，引申作怪异、妖孽。《左传·庄公十四年》："人弃常则妖兴。"复，转化的意思。

③割，害也。《尚书·尧典》："洪水方割。"参见第28章"大制不割"。廉，有角的意思。刿（guì），刺伤。

侯王看上去昏昧宽厚，人们就来投奔聚集。侯王苛察精明，他的国家雷厉风行，刚猛奋进。祸患，和祥福相倚相生；祥福，背后藏着祸患。谁知道其中的究竟呢？这是没有定准的。正，可以转化为奇，善也可转化为妖。人们不懂变化的道理（"反者道之动"）已经很长时间了。所以圣人方正但不害人，有棱角但不伤人，很直率但不放肆，有光辉但不显耀。

本章讲的是治国宽猛之道。《左传·昭公二十年》记载，郑国子产重病了，他给游吉说："唯有德者能以宽服民，其次莫如猛。夫火烈，民望而畏之，故鲜死焉；水懦弱，民狎而玩之，则多死焉。故宽难。"子产死后，游吉执政，他不忍心用严厉果决的办法施政，而是用宽和的姿态理政。很快，郑国便有很多盗贼聚集在萑苻的湖沼里作乱。游吉很后悔，说："要是我早听子产的话，就不会到这种地步了。"于是，他派步兵去攻打萑苻的盗贼，把他们全部杀了，盗贼才有所收敛。孔子听到这事，说："善哉！政宽则民慢，慢则纠之以猛；猛则民残，残则施之以宽。宽以济猛，猛以济宽，政是以和。"

本章末节"方而不割，廉而不刿，直而不肆，光而不耀"，憨山注《老》："割，谓割截，乃锋棱太露也。虽廉而不伤于刿。刿，谓刻削太甚也。虽直而不伤于肆。肆，谓任意无忌也。虽光而不伤于耀。耀，谓炫耀己见也。此圣人有所长，而能养其所长，故为天下贵。"显示出老子谈治国，还是有原则的、有棱角的，不是纵容没有是非的投机、圆滑和平庸之恶。

59

治人事天，莫若啬。① 夫唯啬，是谓早服。② 早服，谓之重积德。③重积德，则无不克。无不克，则莫知其极。莫知其极，可以有国。有国之母，可以长久。是谓深根固柢，长生久视之道。④

①啬，"穑"的古字，本义指收获谷物。粮食的收获与存储，对于农耕文明的古中国自然是头等大事（"有国之母"）。以这个意思通贯全章，估计是《老子》本意。另，《韩非子·喻老》："啬之者，爱其精神，啬其智识也。"又说："少费之谓啬。"憨山注《老》："啬，有而不用之意。老子所言人天，庄子解之甚明。如曰，不以人害天，不以物伤性。"啬，也就是"一曰慈，二曰俭，三曰不敢为天下先"的"俭"。直到后来诸葛亮还有所谓"静以修身，俭以养德"。或者我们可以把"啬""俭"理解为"惜物""惜福"的"惜"。河上公注："啬，爱惜也。治国者当爱民财，不为奢泰。治身者当爱精气，不放逸。"这么理解，本章意思也可贯通，道家哲学阐释传统上，后解更为普遍。

②服，施行。又通"备"，《管子·度地》："寡人悖，不知四害之服，奈何！"郭店楚简本"早服"作"早备"。《左传·襄公十一年》："《书》曰：'居安思危。'思则有备，有备无患。"《文子·微言》："愚者有备，与智者同功。"

③积德，本义是积藏所得，后衍生出积累善行的意思。《尚书·盘庚上》："汝克黜乃心，施实德于民，至于婚友，

丕乃敢大言，汝有积德！"《黄帝四经·雌雄节》："宪傲骄倨，是谓雄节，委燮恭俭，是谓雌节。夫雄节者，涅之徒也。雌节者，兼之徒也。夫雄节以得，乃不为福，雌节以亡，必得将有赏……凡人好用雄节，是谓妨生。大人则毁，小人则亡……凡人好用雌节，是谓承禄。富者则昌，贫者则谷。以守则宁，以作事则成。以求则得，以战则克……故德积者昌，殃积者亡。观其所积，乃知祸福之向。"《文子·道原》："欲刚者必以柔守之，欲强者必以弱保之。积柔即刚，积弱即强。观其所积，以知存亡。"

④久视，耳目不衰。长生久视，后来作为成语，比喻长寿。

管理人服侍天，没有比收获谷物更重要的了。要收获谷物，（从耕种开始）就要早作准备。早作准备，把收获存储妥当，叫厚积所得。厚积所得，善行多多，那么就没有不能克服的困难。没有不能克服的困难，则人们不知道他能够成就多大的功业。人们不知道他能够成就多大功业，他就可以治理国家了。获得治理国家的根本，就可以长治久安了。这叫深根固柢，长生不衰之道。

《六韬·文启》引太公的话："何忧何啬？万物皆得。何啬何忧？万物皆遒。政之所施，莫知其化。时之所在，莫知其移。圣人守此而万物化，何穷之有？终而复始，优而游之,展转求之。求而得之,不可不藏。既以藏之,不可不行。既以行之,勿复明之。夫天地不自明,故能长生。圣人不自明,故能名彰。……圣人见其始,则知其终。"

本章清晰显示了老子对于农业生产的重视,可以理解为他对粮食储备,甚至战略储备的论述。通行本第81章有所谓"圣人不积",指的是统治者为了自身利益的积藏,和本章并不矛盾,本章指的是一个国家主体的积藏。在逻辑和语境上,储备与节俭,要联系上章来理解。上章说福祸无定;本章便论述深根固柢,长生不衰之道。上章"方而不割,廉而不刿,直而不肆,光而不耀"都有收获之后敛藏的意思。只有学会敛藏,才能超脱"祸兮,福之所倚;福兮,祸之所伏"的反复循环。

《吕氏春秋·情欲》:"论早定则知早啬,知早啬则精不竭。"这是从养生角度论啬的。人该啬到什么程度?杨朱所谓"拔一毛而利天下,吾不为也",是极端的啬。据说杨朱也是老学一支。

本章郭店楚简本有存,后接"为学者日益,为道者日损。损之又损,以至于无为。无为而无不为","啬"与"损"是不是有一种内在关联?

60

治大国若烹小鲜。①

以道莅天下,②其鬼不神。③非其鬼不神,其神不伤人。非其神不伤人,圣人亦不伤人。④夫两不相伤,故德交归焉。

①河上公注:"鲜,鱼[也]。烹小鱼不去肠,不去鳞,不敢挠,恐其糜也。治国烦则下乱,治身烦则精散。"《韩非子·解老》:"盖事大众而数摇之则少成功,藏大器而数徙之则多败伤,烹小鲜而数挠之则贼其泽,治大国而数变法则民苦之。"

②莅,临、临视,引申为治理、管理的意思。有的版本作"以道莅天下者",多一个"者"字,随后的其鬼、其神的"其"字便有了着落。

③鬼,原始字形为田下屈着一个人,本义是人归于土下。《左传》载子产的话:"鬼有所归,乃不为厉。"《列子·天瑞》篇:"精神离形。各归其真,故谓之鬼。鬼,归也,归其真宅。"神,原字作"申",原始字形像闪电。《易·系辞》:阴阳不测之谓神。王弼云:"神也者,变化之

极，妙万物而为言，不可以形诘。"神与鬼的关系，阳魂为神，阴魄为鬼；气之伸者为神，屈者为鬼。

④关于神、圣的关系，《尚书·大禹谟》："乃圣乃神。"伪孔传："圣无所不通，神妙无方。"《孟子》："圣而不可知之谓神。"

治理大国就像烹制小鱼，不能过分折腾。用道掌管天下的人，深根固柢、长生久视（见第59章），死后子孙祭祀不辍（见第54章），他的阴魄不会作祟。不但其阴魄不作祟，其阳魄也不会伤害人。不仅阳魄不伤害人，就是其事业的后继者——圣人也不伤害人。神不伤害圣，圣不伤害神，神与圣的大德交归为一，则天下安宁。

有的学者主张，本章两节宜作两章。因为上节讲的是治大国若烹小鱼，下节讲的是道莅天下，将道置在神、鬼、圣之上，是三者合一。如果把本章理解为如何治大国，倒可以勉为弥缝。第一节，郭店楚简本作"治大邦，若（亨）[烹]小鲜"，本身有两解：一是我们传统注释所阐述的治理大国不能反复折腾。韩非子重点举了变法的例子。例如商鞅、吴起因为君主更迭而招致身亡；后来的王莽新政、宋神宗熙宁变法等，均因为步子太大、速度太快而群议汹涌。尤其是熙宁变法，紧接着就是司马光全盘推翻新政，随后又再度反复而北宋亡。二解要联系第54章邦国与天下的分别，也就是劝告王要谨慎对待那些大的下属诸侯国，因为大诸侯国具备挑战王位的实力。夏桀没有认真看待商的崛起，百战百胜的商纣对付崛起的周也没有深谋远虑，均致亡国。周赧王五十九年（前256），西周国与东方各诸侯国联合攻打秦国，西周文公被俘遭辱，寄居在西周国的周赧王忧愤去世，秦国轻易地攻陷洛阳，收取了九鼎和其他珍宝，历时八百年的周王朝宣告终结。东周国文君代为天子，公元前249年又与诸侯谋伐秦，被灭国，周王朝的祭祀从此断绝。第80章小国寡民大概是解决"治大国若烹小鲜"的具体阐述。

本章下节将道置于神、鬼、圣之上，其实可以看作中国历史走出神巫时代的反映，这是周公奠定中华礼乐文明的自然结果。杨向奎《宗周社会与礼乐文明》认为中国历史可分三期：一是"神"职历史时期，人人通天为神，神化与历史不分；二是"巫"职历史时期，重、黎"绝地天通"；三是春秋时代"诗亡然后《春秋》作"，是为"史"的历史时期的开始。以天的存在为可疑，在客观方面仍然要利用它来做统治的工具，在主观方面却强调着人力，以天道为愚民的政策，以德政为操持这种这种政策的机柄。这的确是周人所发明的新思想。老子所谓"以道莅天下，其鬼不神"便是这种思想的反映。这样，周公、老子和稍后的孔子就是突出人文价值的中华礼乐文明中的一座座里程碑。

61

大国者下流,①**天下之交,天下之牝。牝常以静胜牡,以静为下。**②**故大国以下小国,则取小国;**③**小国以下大国,则取[于]大国。**④**故或下以取,或下而取。大国不过欲兼畜人;小国不过欲入事人。夫两者各得所欲,大者宜为下。**

①下流,水流的下游,众水交汇的地方,处于下位的意思。第8章:"处众人之所恶,故几于道。"对比《论语·子张》"君子恶居下流,天下之恶皆归焉",最见孔子与老子,或者说儒与道两家立身和看问题角度的不同。

②《黄帝四经·雌雄节》:"宪傲骄倨,是谓雄节。委燮恭俭,是谓雌节。……凡人好用雄节,是谓妨生。大人则毁,小人则亡……凡人好用雌节,是谓承禄。富者则昌,贫者则榖。以守则宁,以作事则成。以求则得,以战则克……。"本章前两句,马王堆帛书本对应作:"大邦者下流也,天下之牝。天下之交也,牝恒以静胜牡。为其静也,故宜为下。"逻辑更顺,不过大致意思和王弼本没有太大变化。

③取小国,得到小国归附。对应下文"下以取"。

④"于"字,王弼本脱,根据马王堆帛书甲乙本补。取于大国,被大国接纳,获得大国庇护的意思,对应下文"下而取"。

大国应像水一样,居下游,是天下交会之所,也是天下守雌之所。雌常常因为守静而胜过雄,因为守静居下位。所以大国因甘让小国,就会得到小国的归附;小国因甘让大国,就会得到大国的庇护。或者居下位得到小国归附,或者居下位得到大国庇护。大国,不过希望兼容小国;小国,不过希望依附大国。它们各得自己所想得的,大的一方应该谦居下位。

憨山注《老》:"此老子见当时诸侯,专于征伐,以力不以德,知动不知静,徒见相服之难,而不知下之一字,为至简之术。盖伤时之论也。"

国有大小,其保国安民之道大不一样。《孟子·梁惠王下》也说:"惟仁者为能以大事小,是故汤事葛、文王事昆夷。惟智者为能以小事大,故太王事獯鬻、勾践事吴。以大事小者,乐天者也;以小事大者,畏天者也。乐天者保天下,畏天者保其国。《诗》云:'畏天之威,于时保之。'"我们且看春秋时期的齐国和郑国的历史。齐国是姜太公封地,是周朝的东部屏障,被赋予征伐大权,当然的大国;

又享受鱼盐之利，很富庶，所以齐僖公成为春秋早期"三小霸"之一，齐桓公成就春秋最为著名的大霸主。齐桓公有两件事：一是公元前 681 年，桓公攻打鲁国，鲁国战败，齐与鲁在柯地会盟。会上，鲁国人曹沫劫持了齐桓公，要求齐国归还鲁国土地。齐桓公被迫答应曹沫要求。事后齐桓公想不归还土地并杀掉曹沫，管仲说："不给那点区区之地，只是逞一时之快。失信于诸侯，天下人就不帮我们了！"最后齐桓公按约把土地还给了鲁国。诸侯们知道这件事情后，认为齐桓公有信誉，渐渐地都想依附齐国了。二是公元前 663 年，齐桓公出兵帮助燕国抵御山戎。胜利后，燕君送齐桓公回国一直送到了齐国的境内。齐桓公说："我不是天子，诸侯相送是不能出境的，我不可以对燕无礼。"于是把燕君所到的地方尽数割予燕国。诸侯听说此事，都拥护齐国，愿意归附它。

郑国是姬姓封国，和周天子血缘更近，地位很重要，又处于众国要冲。郑武公护送平王东迁，一时地位显赫，儿子郑庄公也是春秋早期"三小霸"之一。但庄公死后，因为处于北方诸强与南方楚国争霸的焦点，四战之地无险可守，只能时而亲楚，时而亲晋，即使中间有贤相子产维持，也势不可为，前 375 年灭于战国中最为陪衬的韩国。

62

　　道者万物之（奥）[注也]。①善人之宝，不善人之所保。美言可以市，尊行可以加人。②人之不善，何弃之有？

　　故立天子，置三公，虽有拱璧以先驷马，不如坐进此（道）。③古之所以贵此（道）者何？不曰（以）求[以]得，有罪以免邪？故为天下贵。

　　①奥，《广韵》："奥，深也，内也，主也，藏也。"《礼记·礼运》："故人以为奥也。"此句帛书甲乙本均作："道者，万物之注也。"注释组认为"注"读为主，并不合适。第34章"衣养万物而不为主……万物归焉而不为主"，"主"万物不是《老子》所提倡的。注，本义就是灌注。《诗经·大雅·泂酌》："挹彼注兹。"引申有"聚集、集中"的意思。上章"大国者下流，天下之交"，以水比拟道，居下流，就是众水交汇、积聚的地方。

　　②本句王弼注释说："美言之，则可以夺众货之贾，故曰'美言可以市'也。尊行之，则千里之外应之，故曰'可以加于人'也。"市，本义是交易活动的地方，《易·系

辞下》："日中为市，致天下之民，聚天下之货，交易而退，各得其所。"此处可以引申理解为畅通交流的地方。加，《玉篇》：益也。《论语》："又何加焉?"这里作动词用，加人，益于人，对人有帮助。加人，帛书甲乙本作"贺人"。《说文解字》："贺，以礼相奉庆也。"《诗·大雅·下武》："受天之祜，四方来贺。"贺人，可以理解为让人甘心归附的意思。很多学者接受《淮南子·道应训》《人间训》所引，断读为"美言可以市尊，[美]行可以加人"，这样的确如劳健先生指出的更合韵，意思变为"美好的语言，可以得到他人尊重；美好的行为，对他人有助益"，亦通。合韵，估计是《老子》文本不断被加工的结果。考虑到下句"人之不善，何弃之有"，"美言可以市，尊行可以加人"更合逻辑。加人，也可以理解为甘心归附的人越来越多。

③拱璧，两手合抱之璧，大璧。先，先导。高明训"先"为"骎"（shēn），众多的样子。"驷马"，四匹马拉的车。前面有人用持拱璧导引，后面乘四匹马拉的豪车，这是当时帝王出行的仪仗。整句话的意思是，虽然有着帝王的威仪，还不如坐进此道。《黄帝四经·论约》说："故执道者之观于天下也，必审观事之所始起，审其形名。形名已定，逆顺有位，死生有分，存亡兴坏有处，然后参之于天地之恒道，乃定祸福、死生、存亡、兴坏之所在。是故万举不失理，论天下而[无]遗策。故能立天子，置三公，

而天下化之，之谓有道。"本句对应的马王堆帛书甲乙本两处"此道"均没有"道"字，王弼本衍。

道像水一样，万物所归。是善人的宝贝，也是不善的人所凭依以自我保护的。美好的语言，促进大家顺畅的交流；美好的行为，能够服众，得到更多人的归附。即使对那些不善的人，为什么要抛弃呢？

置天子，立三公，隆重的仪式上，前面有人拱璧导引，后面乘四匹马拉的车，这还不如尊崇大道呢。古人为什么如此尊崇大道？不正是所求即所得，即使有罪也可以得到赦免吗？因此，天下都尊贵道。

第一节的主旨是道像水，利万物而不争，以万物为刍狗，不抛弃任何人。同于第 27 章"圣人常善救人，故无弃人。常善救物，故无弃物"。把道之尊，描述得比立天子、置三公的仪式还尊贵。苏辙《老子解》："朝为不义，而夕闻大道，妄尽而性复，虽欲指不善，不可得也。而又安可弃之哉！立天子置三公，将以道救人耳，虽有拱璧之贵、驷马之良而进之，不如进此道之多也。"这其实是把道放在政统之上，所以前面注解说老子有"哲学王"的乌托邦色彩。

63

为无为，事无事，味无味。大小多少，① 报怨以德。②

图难于其易，为大于其细。天下难事必作于易，天下大事必作于细。③ 是以圣人终不为大，故能成其大。④

夫轻诺必寡信。多易必多难。是以圣人犹难之，故终无难矣。

①郭店楚简本作："大，（少）[小]之。"《文子·精诚》："大以小为本，多以少为始。"高亨注："大小者，大其小也，小而以为大也。多少者，多其少也，少而以为多也。视星星之火，谓将燎原；睹涓涓之水，云将漂邑。即谨小慎微之意。"

②王弼："小怨则不足以报，大怨则天下之所欲诛，顺天下之所同者，德也。"《论语·宪问》："或曰：'以德报怨，何如？'子曰：'何以报德？以直报怨，以德报德。'"

③本句马王堆帛书甲本作"天下之难作于易，天下之大作于细"，涵括更广。

④第34章:"以其终不自为大,故能成其大。"

奉行无为,做事不生事,品至淡之味。大以小为本,多以少为基,都是相对的,比较中难免有所怨。小怨不值得去报,大怨则天下共诛之,有德之人顺天下之所同。计议困难的事情,要从简单容易的地方着手。做大的事情,要从细微处发力。办天下难事、大事,一定要从容易的、细微的地方做起。圣人从来不贪求大,所以能有大成就。轻易许诺的人一定信用不好。把事情看得太简单,一定会遭遇很大困难。即使以圣人之才,尚且慎重从事,所以最终他不会遇到太大的困难。

严遵《老子指归·为无为章》:"为无为,为无形也。事无事,事无声也。味无味,味无名也。大小多少,功德明也。报怨以德,报未生也。图难于易,虑未成也。为大于细,作宵冥也。难事作于易,毳生坚也。大事作于细,巨始绵也。是以圣人,谓明君也。终不为大,事微纤也。故能成其大功配人也。轻诺者必寡信,不可然也。多易者必多难,不可权也。圣人犹难之,常计患也。故终无难,始卒全也。"

本章郭店楚简本作:"为无为,事无事,味无味。大小之。多易必多难,是以圣人尤难之,故终无难。"可见,中间部分,从"报怨以德"到"轻诺必寡信"都是后来被不断敷衍添加的。这种名言接龙式的叠加，使得全篇逻辑上似连非连，似断非断。楚简中这部分上接"道恒无为也。……知足以静，万物将自定"，本章便较为详细地阐述了怎么才是"无为""无名之朴"，"无为""无名之朴"其实就是"图难于易，为大于细"，下一章所说"为之于未有，治之于未乱……慎终如始"则再度申述了这个观点。吴澄在《道德真经注》中说："所以得遂其无为者，能图其难于易之时，为其大于细之时也。天下之事，始易而终难，始细而终大；终之难，起于始之易；终之大，起于始之细。故图之、为之于其易、细之始，则其终可不至于难，可驯至于大，而不劳心劳力，所以能无为也。若不早图之、急为之于其始，则其终也易者渐难，细者不大，心力俱困，无为其可得乎？"憨山注《老》："观夫文王兢兢，周公业业，戒慎恐惧乎不睹不闻，皆圣人之所难也。余少诵图难于易、为大于细二语，只把作事看。及余入山学道，初为极难，苦心不可言。及得用心之诀，则见其甚易。然初之难，即今之易。今之易，即初之难。非独治心如此，推之以及天下之事皆然。此圣人示人入道之真切工夫也。志道者勉之。"

64

其安易持，其未兆易谋，其脆易泮，①其微易散。为之于未有，治之于未乱。

合抱之木，生于毫末。②九层之台，起于累土。千里之行，始于足下。③

为者败之，执者失之。是以圣人无为，故无败；无执，故无失。民之从事，常于几成而败之。慎终如始，则无败事。

是以圣人欲不欲，不贵难得之货。学不学，复众人之所过，④以辅万物之自然，而不敢为。

①泮（pàn），散、融解、泮涣。《诗·邶风·匏有苦叶》："迨冰未泮。"郭店楚简本、傅奕本作"其脆易判"，判，分离、裂开。马王堆帛书乙本，河上公本，敦煌辛、壬、庚本均作"破"。

②毫末，毫毛的末端，比喻细微。这里指小小的胚芽。

③本句帛书甲本作："百仞之高，始于足下。"

④郭店楚简本两存本章三、四节，甲编和丙编基本意思相同，但文本表述有差异。核心是"学不学"，甲编作

"教不教"。尹振环先生有辨析。他认为"学不学"的意思是：学众人所不能学、不敢学。"教不教"之所以改为"学不学"，大概是"教不教"和"行不言之教"有冲突。笔者认为"教不教"语法同于"欲不欲"，意思同于"行不言之教"。复，返也，还也。《诗·小雅》："言归思复。"复众人之所过，意思是把众人做过头的事拉回正常范围。

秩序安定的时候容易维持，事情刚刚有苗头的时候容易调治，东西脆弱的时候容易消解，事物细小的时候容易分散。谋事要在事情还没完全发生时计议，社会治理要在还没乱象丛生前开始。两手合抱的大树，是从小小胚芽生出来的。九层之高的台子，是一锹锹土堆起来的。千里道路，是脚下一步步走出来的。强行作为，就会失败；总力图控制别人，就会失去权柄。圣人不过多干涉别人，所以不会失败；不总想控制别人，所以不犯错误。人们做事，常常在接近完成的时候功亏一篑。像重视谋事之初一样，重视事情如何结束，那么就不会有失败了。所以圣人真正的欲望是没有欲望，不看重难得的财物。圣人真正的学是学那些普通人不能学、不敢学的东西，把众人做过头的事拉回正常范围，辅助万物，让它们自己造就自己，而不敢轻举妄动。

结合上一章，本章第一节讲居安思危，在事情征兆还不明显的时候，就准备好对策。《尚书·周官》载周成王的话："制治于未乱，保邦于未危。"王弼《老子指略》说："谋之于未兆，为之于未始。"这也是图难于其易。徐梵澄《老子臆解》："一言以蔽之曰：几也。"何谓"几"？《易·系辞》说："几者，动之微，吉之先见者也。君子见几而作，不俟终日。"第二节讲什么事情都要斟酌当下条件，从细小处着手；这是为大于其细。第三节讲不要过分干涉，像重视事情开始一样重视结果，或者说我们一定要在事情开始时想到如何结束。严遵《老子指归·为无为章》说："为之未有，定之未倾，勇功不见，知名不称，福不得起，祸不得生。"第四节归结为欲不欲、学不学。合乎道的欲，不是大众的物欲；合乎道的学，不是智者们所求名逐利的私学。侯王要尊重万物的本性，给与万物自我成就的平台。裘锡圭先生根据郭店楚简与《韩非子·喻老》互证，认为本章一度被作为两章理解，第一节、第二节组成一章，第三节、第四节组成另一章。

"为者败之，执者失之。"这个警告重出于第 29 章。那章最后归结为"圣人去甚、去奢、去泰"。"去甚"，就是"无为""无执""学不学，复众人之所过"。"去奢"，就是"欲不欲，不贵难得之货"。"去泰"，就是"为之于未有，治之于未乱……慎终如始"。

65

古之善为道者,非以明民,将以愚之。民之难治,以其智多。故以智治国,国之贼;不以智治国,国之福。①

知此两者,亦稽式。②常知稽式,是谓玄德。玄德深矣,远矣,与物反矣。③然后乃至大顺。

①本段马王堆帛书乙本作:"古之为道者,非以明民也,将以愚之也。民之难治,以其知也。故以知知国,国之贼也;以不知知国,国之德也。"甲本残缺稍多,但大致意思同于乙本,只是"国"作"邦",未避刘邦的名讳。在意思的能知与表述上,马王堆帛书乙本为优。北大竹书本大致同于马王堆帛书乙本。《文子·道德》:"以智生患,又以智备之,譬犹挠水而欲求其清也。"

②稽(jī),《正韵》:"考也,计也,议也,合也,治也。"《尚书·尧典》:"曰若稽古帝尧。"《易·系辞》:"於稽其类。"式,准则,法度。《尚书·微子之命》:"世世享德,万邦作式。"稽式,竹书本作"楷式"。楷,法式、典范。《礼记·儒行》:"今世行之,后世以为楷。"马叙伦说:

"稽""楷"古音同类相通。

③与，帮助。反，通"返"。与物反，就是帮助万物返归本性。

古代善于尊道行事的侯王，并不让人民更明白事理，而是使他们愚朴。人民难以治理，就是因为他们有很多智巧。所以用智巧治国，是国家的祸害。不用智巧治国，是国家的福分。知道两者区别，这合乎道的法则。常常知道怎样合乎道的法则，叫"玄德"。玄德高深啊，广大啊，帮助万物回归其本性，然后万物各得其理，天下安定。

憨山注《老》："此言圣人治国之要，当以朴实为本，不可以智夸民也。明者，昭然揭示之意。愚者，民可使由之不可使知之之意。"《论语·泰伯》篇记孔子的话："民可使由之，不可使知之。"结合第 3 章："虚其心，实其腹，弱其志，强其骨；常使民无知、无欲。使夫智者不敢为也。为无为，则无不治。"第 56 章："知者不言，言者不知。塞其兑，闭其门，挫其锐，解其（分）[纷]，和其光，同其尘，是谓玄同。"第 19 章不管是"绝圣弃智"还是"绝知弃辨"，这"知"总是在弃绝之列，第 20 章又"绝学无忧"。唐玄宗注本章首句："人君善为道者，非以明道示于民，将导之以和，使归复于朴，令如愚耳。"从老子、孔子到商鞅、韩非，从秦皇汉武到清代康乾盛世，传统政治有着根深蒂固的愚民传统。郭店楚简《尊德义》:"民可使道之,而不可使知之。"《商君书·更法》:"夫民不可与虑始,而可与乐成。"

治国不以智,常常走到了外道内法和愚民的路上去,完全背离近现代社会启蒙和民主的逻辑。读古书,难免有很多和当代价值观冲突的地方,甚至严重背离现代文明的方向。这是我们在异质文明镜鉴和当代问题导引下思考的结果,也是我们阐扬传统文明必须认真对待的,万不可将古人当代化,曲为之护。如果我们不能克服这些固有的缺点,就谈不上进步。有则改之,无则加勉,才是我们应有的态度。隋唐科举、明清八股文都首先意在加强意识形态的控制。甚至包括我们津津乐道的《四库全书》的编修,北洋政府倡儒学为国教,都很难说没有愚民的初衷在。

66

江海所以能为百谷王者,以其善下之,故能为百谷王。是以欲上民,必以言下之。①欲先民,必以身后之。②是以圣人处上而民不重,处前而民不害。③是以天下乐推而不厌。以其不争,故天下莫能与之争。

①上民，在民之上，统治人民的意思。下之，在民之下，谦恭的意思。第39、42章，侯王自称孤、寡、不穀，均是"以言下之"的表现。

②先民，在民之先，带领人民的意思，类似今天的"领袖""领头羊"。身后之，并不能字面理解为把身体藏在后面，而是把自身利益放在后面的意思。《淮南子·原道训》："圣人守清道而抱雌节，因循应变，常后而不先，柔弱以静，舒安以定，攻大磨坚，莫能与之争。"

③重、害均是意动词，以之为重、以之为害的意思。

大江大海所以是众多溪谷奔流的地方，因为它甘居下位，才能成为众水交汇之所。所以要想统治人民，就必须对人民表示谦恭。想做人民的领头羊，必须把自身利益放在人民利益之后。所以圣人高高在上，但人民并不感到拖累；其地位显赫，但人民并不感到有害。所以天下的人都乐于推戴他而不厌弃他。因为他不与人民相争，所以天下的人都没法与他相争。

本章郭店楚简本作："江海所以为百谷王，以其能为百谷下，是以能为百谷王。圣人之在民前也，以身后之。其在民上也，以言下之。其在民上也，民弗厚也；其在民前，民弗害也。天下乐进而弗厌。以其不争也，故天下莫能与之争。"尹振环先生分析说，楚简本和流行本主要区别是：

"能为百谷下"不是"善下之";"在民前也""在民上也",并不是"欲先民""欲上民"。原本没有强调作秀的"善下"和强烈的"欲上""欲先",所以流行本在思想上退了一步。"必以言下之",很多注释本理解为在语言上表示谦恭,这将老子思想又后退了一步。不过,这退了一步的作秀,更符合政治的实情。谦恭,本是我们有限个体面对无限世界的一个自然态度,如果仅仅停留在语言的作秀上,"周公恐惧流言日,王莽谦恭未篡时",那确把政治等同于阴谋了。

《朱子语类》:"老子之学只要退步柔伏,不与你争。才有一毫主张计较思虑之心,这气便粗了。故曰'致虚极,守静笃';又曰:'专气致柔,能如婴儿乎?'又曰:'知其雄,守其雌,为天下溪;知其白,守其黑,为天下谷。'所谓溪,所谓谷,只是低下处。让你在高处,他只要在卑下处,全不与你争。他这工夫极难。常见画本老子便是这般气象,笑嘻嘻地,便是个退步占便宜底人。"

本章另一个光辉的观点是:"天下乐推而不厌。"也就是说,圣人是受到万民的推戴,而不是自己强迫万民为自己点赞投票。

67

天下皆谓我（道）大，①似不肖。②夫唯大，故似不肖。若肖，久矣其细也夫。③

我有三宝，持而保之。一曰慈，④二曰俭，⑤三曰不敢为天下先。

慈，故能勇；俭，故能广；不敢为天下先，故能成器长。⑥今舍慈且勇，⑦舍俭且广，舍后且先，死矣！夫慈以战则胜，以守则固。天将救之，以慈卫之。

①马王堆帛书本、竹书本均没有"道"字，王弼本"道"字为衍。我大，结合第25章"道大，天大，地大，王亦大。域中有四大，而王居其一焉"，《老子》所谓"我"均指遵循道的侯王，意思与"圣人"同。傅奕本作"吾大"。王弼本开始添加"道"字，使得本章主语发生了根本变化。在马王堆帛书本中，本章和上章之间插有流行本的第80章和第81章，也就是说，本章本来上承"天之道，利而不害；圣人之道，为而不争"，所以本章理解为侯王之大与如何保有侯王之大的圣人之道更为可取。

②肖，相像，又有细小、衰微的意思。《庄子·列御寇》："达于知者肖。"

③细，细小、卑微。第63章说："天下大事必作于细。是以圣人终不为大，故能成其大。"

④慈，慈爱。《管子·形势解》："慈者，父母之高行也。"

⑤俭，俭约，与侈相对。《左传·庄公二十四年》："俭，德之共也；侈，恶之大也。"《易·否》象传："君子以俭德避难。"憨山注《老》："俭者，啬也，有而不敢尽用。"

⑥器，器皿，这里指民，也就是普通百姓。孔子说："君子不器。"

⑦王弼注："且，犹取也。"

天下都说侯王与道、天、地并列为域中四大，似乎不像啊？正因为侯王之大，所以你们觉得不像。如果侯王像常人所认定的那样，时间一久就卑微得不足道了。有三个法宝可以永葆侯王之大：一是慈爱，二是俭约，三是不敢和天下人争先。因为慈爱，所以勇敢；因为俭约，所以广大；不敢和天下人争先（"善下之""身后之"），所以能成为普通百姓的官长。现在丢掉了慈爱之心却很勇敢，丢掉了俭约之德却求广大，丢掉了甘为人后的谦让之德却追求争先，这是死亡之路。带着慈爱之心去奋战，就会胜利；带着慈爱之心守成，就会基业长久。上天帮助侯王，侯王要用慈爱之心守卫自己的高位。

流行的王弼本首句作："天下皆谓我道大，似不肖。夫惟大，故似不肖。"意思是天下都说我所论述的道很广大，因为广大，所以不像任何具体的事物（大象无形）。如果像某具体事物，这就一直卑微渺小了。马王堆帛书甲本残缺严重，乙本作："天下皆谓我大，大而不肖。夫惟不肖，故能大。"道大不肖（不是好像不肖），正因为不肖，所以成其大。王弼本语意重复，不如马王堆帛书本清晰。北大竹书本作："天下皆谓我大，以不肖。夫惟大，故不肖。"其中"以"，当理解为"而且"，例如"贵以高""顽以鄙"。有人主张解作"似"，则和"故不肖"发生矛盾。

为什么大家不太理解侯王之大呢？第41章说："下士闻道，大笑之。不笑不足以为道。"第70章说"吾言甚易知，甚易行。天下莫能知，莫能行。言有宗，事有君。夫唯无知，是以不我知。知我者希，则我者贵。"第二节说侯王三宝：慈爱、俭约、谦让。唐玄宗注说："慈则广救，俭则足用，不敢为天下先，故乐推而不厌。"显然这三宝与其说是形容道，不如说是形容尊道而行的圣人（侯王、我）更合适。《文子·下德》又以治理的角度，给三者理一个逻辑："故为治之本，务在安人；安人之本，在于足用；足用之本，在于不夺时；不夺时之本，在于省事；省事之本，在于节用；节用之本，在于去骄；去骄之本，在于虚无。"安人、足用即是"慈"；省事、节用即是"俭"；去骄、虚无即是"不敢为天下先"。仔细贯通三宝：慈爱带来勇敢，这特别好理解，很多人，尤其是女人做了妈妈后，为了保护自己的孩子变得勇敢起来；俭约致广大，因为俭约才有备，才不滥用人力物力；谦让，甘为人后不与人争，所以才能受到大家的推戴，"天下乐推而不厌"，自然成为万民的领头羊（"器长"）。如果丢弃了慈爱、俭约、谦让这三种美德，一味恃强好勇，逞强好胜出风头，灾祸自然随之而来。《左传·宣公十二年》注："其君无日不讨国人而训之，于民生之不易，祸至之无日，戒惧之不可以怠。在军无日不讨军实而申儆之，于胜之不可保，纣之百克而卒无后。"

68

善为士者不武。善战者不怒。善胜敌者不与。①善用人者为之下。是谓不争之德。是谓用人（之力），②是谓配天，③古之极。④

①与，搏斗。《左传·襄公二十五年》："一与一，谁能惧我！"《战国策·秦策》："以此与天下，天下不足兼而有之。"《史记·白起列传》："廉颇易与。"不与，帛书乙本、竹书本作"弗与"，敦煌甲本、傅奕本作"不争"。

②马王堆帛书甲乙本、北大竹书本均无"之力"二字。"用人之力"意思更狭窄，当从帛书本和竹书本。

③配，匹配、符合。配天，与天道相匹配。《中庸》："博厚配地，高明配天。"

④极，准则。

善于做士的人，并不崇尚勇武。善于打仗的人，并不轻易动怒。善于战胜敌人者，不与人直接搏斗。善于用人者，对属下很谦恭。这就叫不争之德，叫善用人才，叫匹配天道，这是过去人的最高准则。

"善为士者不武"，这"不武"，是慎于动武，不轻易动兵的意思。第 30 章说："以道佐人主者，不以兵强天下。"第 31 章说："兵者，不祥之器，非君子之器。不得已而用之。"《孙子兵法》第一句话："兵者，国之大事，死生之地，存亡之道，不可不察也。"《尉缭子·兵令上》："兵者，凶器也。争者，逆德也。事必有本，故王者伐暴乱，本仁义焉。……兵者以武为植，以文为种。武为表，文为里。能审此二者，知胜败矣。文所以视利害，辨安危；武所犯强敌，力攻守也。"

《尉缭子·兵谈》还说："兵起，非可以忿也。见胜则兴，不见胜则止。"忿，发泄愤怒、意气用事的意思。这就是"善战者不怒"。

"善胜敌者不与"，《孙子兵法·谋攻》篇说："夫用兵之法，全国为上，破国次之；全军为上，破军次之；全旅为上，破旅次之；全卒为上，破卒次之；全伍为上，破伍次之。是故百战百胜，非善之善者也；不战而屈人之兵，善之善者也。故上兵伐谋，其次伐交，其次伐兵，其下攻城。攻城之法，为不得已。……故善用兵者，屈人之兵而非战也。"孙武的后代孙膑也是一代名将。公元前354年，魏国出兵攻打赵国，赵国危急向齐国求援。齐威王想派孙膑率军援赵，孙膑推辞说："我是受过刑的人，不宜充当主将。"于是齐王就派田忌为主将，而请孙膑给他当军师。田忌打算引兵直奔被围的赵国，孙膑说："夫解杂乱纷纠者不控捲，救斗者不搏撠，批亢捣虚，形格势禁，则自为解耳。"意思是，一团乱丝只能慢慢地解，不能乱砸乱打；给人拉架，只能从旁劝解，不能挥拳抡臂地加到里头去掺和。如果避实就虚，那么形势就会立刻发生变化，问题也就自然地迎刃而解了。于是，他建议田忌趁着魏国出兵攻赵，国内空虚的时候，领兵袭击魏国国都大梁。这样魏军就不得不撤兵回来自救。当魏军撤回到桂陵这个地方的时候，田忌迎头痛击它,大胜魏军。这就是围魏救赵的故事。

"善用人者为之下",著名的故事如秦昭王五跪范雎。范雎,本是魏国人,在魏国中大夫须贾门下做事。后来因为出使齐国立了大功,却受到上司须贾的嫉妒,须贾冤枉他里通齐国,范雎被打得遍体鳞伤。这时候,秦昭王派使臣王稽出访魏国。在王稽帮助下,范雎成功脱离魏国,逃到秦国。王稽向秦昭王推荐范雎,但秦昭王并没采纳,只让范雎在客舍待着。这样一年多,范雎给秦昭王写了一封自荐信。这次,秦昭王被打动了,便派专车去接范雎。范雎到了秦昭王离宫门口,假装不知这是内宫的通道,闷头往里走。恰巧秦昭王这时出来,宦官开始驱赶范雎,喝道:"大王来了!"范雎故意乱嚷:"哪里有秦王!秦国只有太后和穰侯罢了。"秦昭王听到争吵声,便上前去向范雎道歉说:"我早该来向您请教了,却遇到几件其他的急事要处理。我这个人很糊涂,让我向您行礼致歉。"秦昭王行了礼,范雎客气地还了礼。秦昭王问范雎:"先生有什么赐教?"范雎只是口头答:"嗯嗯。"秦昭王又问一次,范雎仍然只是"嗯嗯"回应。第三次,秦昭王长跪下来,问:"先生终究不愿赐教吗?"范雎这才开口:"我听说从前吕尚遇到周文王时,只是个渭水边上钓鱼的渔夫罢了。但文王听完吕尚一席话便立他为太师,并立即用车载着他一起回宫,那因为吕尚的一番话说到文王心坎里了。文王得到吕尚的辅佐，终于统一天下。假使当初文王疏远吕尚而不与他深谈，这样周朝就会失去一统天下的德望，就没有所谓文武大业了。如今，我是寄居秦国的异国臣子，与大王交情生疏，而我所要陈述的都是匡扶国君补正前愆的大事，是处在大王与亲人的骨肉关系之间来谈这些大事的，我本愿进献我的一片愚诚，可不知大王心里是怎么想的。这就是大王连续三次询问我而我不敢回答的原因。"秦昭王于是屏退左右，长跪着说："先生这是什么话呢！秦国偏僻幽远，寡人愚笨，先生屈尊来到这里。寡人能受先生的教诲，这正是上天眷顾先王，而不抛弃他们的后代啊！先生怎么说这样的话呢！从今以后，事情无论大小，哪怕上涉太后，下及大臣，都希望先生毫无保留地指教我，不要再怀疑我了。"范雎听了，向秦王拜了两拜。秦王也连忙向范雎拜了两拜，说："我愿听先生详说。"秦昭王听后，长跪道："先生不要有什么顾虑，更不要对我怀有疑虑，我是真心向您请教的。"范雎还是不放心，就试探道："大王用计也有失败的时候。"秦昭王对此责怪并没有发怒，并领悟到范雎可能要进言了，于是，第五次跪下说："我愿意听先生说其详。"范雎于是给他谈了如何摆脱太后控制，如何削弱穰侯魏冉而加强君权，并给秦昭王制定了远交近攻的战略规划。秦昭王于是任范雎为客卿，同他一起谋划军事。秦昭襄王四十一年（前266），范雎被任命为相，封为应侯。远交近攻的战略思想成为自秦昭王至秦始皇几代国君一直奉行的军事战略，贯穿于秦统一六国的全过程。

69

　　用兵有言，吾不敢为主，而为客；①不敢进寸，而退尺。是谓行无行，攘无臂，扔无敌，执无兵。②祸莫大于轻敌。③轻敌，几丧吾宝。故抗兵相（加）[若]，④哀者胜矣。⑤

　　①而，宁愿。
　　②行，王弼注："行，谓行阵也。"攘、扔，见第38章："攘臂而扔之。"这里，攘臂，疑为请求援助的意思。扔，可以引申为牵制。兵，兵器，武器。马王堆帛书甲乙本对应句顺序是："是谓行无行，攘无臂，执无兵，乃无敌矣。"后面接着两处"轻敌"亦作"无敌"，两相比较，帛书本表述为优。
　　③轻敌，帛书本作"无敌"，眼中无敌，和轻敌意思相近。就句式而言，无敌意长。如果是"无敌"那么可以引出："行无行，攘无臂，执无兵"，这是老子赞成还是反对的？

④抗，《广韵》："举也。"《礼·文王世子》："周公抗世子法于伯禽。"又《乐记》："歌者上如抗，下如坠。"相加，马王堆帛书甲乙本、西汉竹书本均作"相若"，相当的意思，楼宇烈认为王弼本误。

⑤哀，痛也，爱也。如果解作爱，则通于"慈"，本书第67章说："慈故能勇。"王弼注释第68章"夫慈以战则胜"："相愍而不避于难，故胜也。"两军兵力相当，哀者胜，也就是后世成语"哀兵必胜"的出处。什么是哀兵？我们常常解释为心怀悲愤的一方。悲愤又是什么情绪呢？这里有亲人之爱、乡土之恋，当这种爱恋被强行切断，这就是哀。憨山注《老》："此章旧解多在用兵上说，全不得老子主意。今观初一句，乃借用兵之言。至轻敌丧宝，则了然明白。是释上慈字，以明不争之德耳。"

有兵家说："我不敢主动发起进攻，宁愿以静制动。我不敢贸然前进一寸，而宁愿选择后退一尺。"这是说：排兵布阵，要那种敌方看不穿的阵形；攘臂求援，要让敌方觉察不出援助会从哪里来；牵制敌人，要让敌方看不到我方主力在哪里；持有武器，要让敌人并不明白我方武器装备情况。没有比轻敌更大的灾祸了。轻敌，几乎会丢掉我前面说的三大法宝（"一曰慈，二曰俭，三曰不敢为天下先"）。所以，当两军旗鼓相当，那更有慈爱之心的一方获胜。

本章主旨是"抗兵相若哀者胜",但内在逻辑非常难解,不同文本变化很大,以上大意是基于流行的王弼本。我们对比马王堆帛书甲本:

> 用兵有言曰:吾不敢为主,而为客;吾不进寸,而(芮)[退]尺。是(胃)[谓]行无行,(襄)[攘]无臂,执无兵,乃无敌矣。祸莫大于无适。无适,(斤)[近]亡吾(葆)[宝]矣。故称兵相若,则哀者胜矣。

一、甲本"不进寸而退尺",多了主语"吾";乙本同于流行的王弼本,没有主语,马王堆帛书甲本、西汉竹书本均没有第二个"敢"字。那么"不进寸而退尺"的句式和"吾不敢为主,而为客"是否完全相同,意味着其中的"而"是不是也解作"宁愿"。如果不解作宁愿,于理不通,因为战斗讲究气势,一鼓作气为上,进一寸退一尺,肯定是兵家大忌。二、马王堆帛书甲本和北大竹书本均明确:"行无行,攘无臂,执无兵,乃无敌矣。""乃无敌",和"行无行""攘无臂""执无兵"非并列关系,而是"行无行,攘无臂,执无兵"的结果。"乃"字,作于是解。三、"无适",帛书注释组认为是"无敌",因为帛书乙本作"无敌",不同于王弼本的"轻敌"。适,《尔雅》:"往也。"《诗·魏风·硕鼠》:"适彼乐土。"又作归向,《左传·昭公十五年》:"好恶不愆,民知所适,事与不济。"无适,可以解作不知所往,不知归向,也就是说不知道如何结束战争。

所以帛书甲本可以很合逻辑地解作：

有兵家说："我不敢主动发起进攻，宁愿以静制动。我绝不进一寸却退一尺。"意思是：排兵布阵，要那种敌方看不穿的阵形；攘臂求援，要让敌方觉察不出援助会从哪里来；持有武器，要让敌人并不明白我方武器装备情况。这样你就没有对手了。战争最大的灾祸是你不知道如何结束战争。不知道如何结束战争，近乎丢掉我前面说的三大法宝（"一曰慈，二曰俭，三曰不敢为天下先"）。所以，当两军旗鼓相当，那更有慈爱之心的一方获胜。

"不敢为主，而为客""不进寸而退尺"，《文子》引老子的话："执道以御民者，事来而循之，物动而因之。"这近乎《孙子兵法》所谓"先为不可胜""有备胜无备"。《孙子兵法·军形》篇："昔之善战者，先为不可胜，以待敌之可胜。不可胜在己，可胜在敌。故善战者，能为不可胜，不能使敌之必可胜。故曰：胜可知，而不可为。"《老子》文本的"无"，常是征象不明显的意思，所以，"行无行，攘无臂，执无兵"意思是在兵起之初就开始行动、攘臂、执兵，相当于孙子的伐谋、伐交、伐兵。《孙子兵法·谋攻》篇："是故百战百胜，非善之善也；不战而屈人之兵，善之善者也。故上兵伐谋，其次伐交，其次伐兵，其下攻城。攻城之法，为不得已。……故善用兵者，屈人之兵而非战也，拔人之城而非攻也，毁人之国而非久也，必以全争于天下，故兵不顿而利可全，此谋攻之法也。"

关于哀兵必胜，著名的例子像田单复齐。齐国被燕国几乎灭掉，它本有五个都城，就剩下莒、即墨两座了。田单守即墨，战前先使用反间计，散布谣言说燕国大将乐毅有在齐国自立为王的打算，新即位的燕王果然以骑劫代乐毅。田单又派人出去故意散布说："我们最怕燕军削掉我们齐国俘虏的鼻子把他们放在队伍的前面来攻城，那样即墨就非完不可！"燕人信以为真，便削掉了齐国俘虏的鼻子。即墨城中的军民一见齐国投降的人都被削去鼻子，于是非常愤怒，个个决心坚守，生怕当了俘虏。田单接着又散布说："我们最怕燕国人挖掘我们的坟墓，侮辱我们祖先的尸骨，如果那样，我们可就吓坏了。"燕人信以为真，随即把即墨人的祖坟统统掘开，并把死人的骨头挖出来用火烧。即墨军民从城上望见这种情景都痛哭流涕，个个怒火万丈，都要求出城同燕军决一死战。田单准备就绪，知道士卒可用，就是率领这样的哀兵大摆火牛阵，最终战胜燕国军队，并乘胜恢复了齐国七十座城池。

70

吾言甚易知，甚易行。天下莫能知，莫能行。言

有宗，^①事有君。^②夫唯无知，是以不我知。知我者希，则我者贵。^③是以圣人被褐怀玉。^④

①宗，本义是宗庙，这里引申为根本、宗旨。《黄帝四经·十大经·成法》："夫百言有本，千言有要，万言有总，万物之多，皆阅一空。"

②君，主宰。王弼注："君，万物之主也。"《尚书·说命上》："天子惟君万邦，百官承式。"

③则，效法。《周易·系辞上》："河出图，洛出书，圣人则之。"

④被褐，穿着粗布衣服。怀玉，怀抱宝玉。

我的言论很容易理解，也很容易施行。但天下没有人理解它，也不能施行它。言论有宗旨，事情有主宰。因为人们不了解这个宗旨与主宰，所以他们不理解我。理解我的人，很少；能效法我的人，值得尊重。所以圣人虽然穿着粗布衣服，但怀里揣着宝物。

本章可以看作老子怀才不遇，甚至有些自负的自述，《史记·太史公自序》概括老子思想"指约而易操，事少而功多"，《汉书·艺文志》也说道家思想"历记成败存亡祸福古今之道，然后知秉要执本"。其实，老子思想并没有多复杂，在方法上抓大放小，抓根本抓关键。他理论的施行也没有太多困难。难在哪里呢？那就是我们如何认识到事情的根本、关键，不做那些于事无补的冗余的事情。

　　这里老子自己说他的理论易知易行，大道易简本来如此，但为什么就天下莫能知莫能行呢？因为每个人有每个人的追求与欲望，每个人有着不一样的智商或情商，愚人用智还刚愎自用，现实便复杂起来。这个社会的决定力量，甚至不是理性的力量。圣人被褐怀玉，就是传统争论的德与位的问题。如果怀玉的人都只能穿得起粗布衣服，无疑社会病了。如果怀抱顽石的人都以为自己怀的是玉，他们还掌握德不配位的权柄，那无疑整个社会都"指鹿为马"了。

71

　　知不知，上。不知知，病。① 夫唯病病，是以不病。② 圣人不病，以其病病，是以不病。

　　① 苏辙："道非思虑之所及，故不可知，然方知其未知，则非知无以入也，及其既知而存知，知则病矣。故知而不知者，上；不知而知者，病。"这是苏辙把"知"的对象限于"道"，强调知道很难，非思虑之所及。又把"知不

知"理解为"知而不知",意思是知晓道的不可知;将"不知知"理解为"不知而知",意思是不知而强为知。马王堆帛书甲本作"不不知知",乙本也作"不知知"。《论语·为政》篇载孔子的话:"知之为知之,不知为不知,是知也。"

②第一个病,意动词,以为病的意思,《论语·卫灵公》:"君子病不能焉,不病人之不己知也。"《礼记·乐记》:"病不得其众也。"第二个病,名词,包咸:"疾甚曰病。"引申为严重的问题。《庄子·让王》:"学而不行谓之病。"不病,意思是没有大问题。

知晓自己不知道,很可贵。不知晓自己不知道,这是病。恰因为以病为病,所以没有太大问题。圣人不病,就因为他把病当作病,所以不病。

本章核心词是"病",意思承上章:"夫唯无知,是以不我知。"要知道自己的无知,无知并不可怕。知道自己无知,让人保持一个谦虚的心态,去学习就好了。如果我们不知道自己无知,仅仅凭借着一知半解,把很多无用的伪知识,也就是第38章说的"前识"当作智慧,问题就严重了。我们应该对自己的无知充满担忧,这就是不断学习的动力所在。

我们承认自己无知,本身不是容易的事,那么承认自己的毛病,并有意去改正它,就是"病病",这更不是容易的事。我们常知道《韩非子》载扁鹊见蔡桓公的故事。扁鹊进见蔡桓公,说:"您在肌肤纹理间有些小毛病,不治会加重。"蔡桓公回答说:"我没病。"扁鹊离开后,蔡桓公说:"医生喜欢给没病的人治病,以此来显摆自己。"过些天,扁鹊再见蔡桓公,说:"您的病在肌肉和皮肤里,不治会加重。"蔡桓公仍然不加理睬。扁鹊离开后他很不高兴。又过些天,扁鹊再次见蔡桓公,说:"您的病到肠胃里了,不及时治疗将更加严重。"蔡桓公仍然不加理睬,也更加不高兴。又过些天,扁鹊远远看见蔡桓公,掉头就跑。蔡桓公于是特意派人问个究竟。扁鹊说:"小病在皮肤纹理间,汤熨就能治好;病在肌肉和皮肤里面,针灸就能治好;病在肠胃里,用火剂汤可以治好;病到骨髓里,那是司命神管的事了,医生是束手无策的。现在他病入骨髓,我无能为力。"过了五天,蔡桓公身体疼痛,派人寻找扁鹊,扁鹊已经逃到秦国去,蔡桓公就这样病死了。

蔡桓公成为讳疾忌医的典型。现实生活中,这样的例子太多了,尤其身尊位高者,为了一己面子,不愿意直接面对真实的问题。当有人指出问题的时候,还摆脸色,甚至认为这是揭盖子,开始暗中打击报复。当事情发展到病入膏肓的时候,星星之火可以燎原,改朝换代的时候就来了。

《鹖冠子·世贤》载魏文侯问扁鹊:"你们兄弟三人谁

的医术最高?"扁鹊回答说:"长兄于病视神,未有形而除之",病还没成形就给治好了,"治未病",所以名声不出家;"中兄治病,其在毫毛",病刚有苗头就治好了,所以名声不出乡里;像我扁鹊"镵血脉,投毒药,副肌肤",用针刺经脉,用有毒的药物调理,用刀切开肌肤做手术,所以名声传于诸侯各国。扁鹊所言,是治国的道理。

72

民不畏威,则大威至矣。①

无狎其所居,②无厌其所生。③夫唯(不)[弗]厌,是以不厌。④是以圣人自知,不自见;自爱,不自贵。故去彼取此。

①威,威势、威慑。《文子·上义》:"教人之道,导之以德而不听,即临之以威武,临之不从,则制之以兵革。"《韩非子·人主》:"所谓威者,擅权势而轻重者也。""大威"帛书乙本作"大畏",二者区别是:大威,指统治者更高压的威势;大畏,指令统治者更畏惧的事情。高亨《老子校诂》将"至"解释为碍止:"言民不畏威,则君之权威碍止而不能通行也。正所以为人君用威者警。下文云'无

狎其所居,无厌其所生',则明告以勿用威权矣。"

②狎,轻慢。《尚书·泰誓》:"狎侮五常,荒怠弗敬。"《左传·昭二十年》:"水懦弱,民狎而玩之。"《论语·季氏》:"君子有三畏:畏天命,畏大人,畏圣人之言。小人不知天命而不畏也,狎大人,侮圣人之言。"河上公本"狎"作"狭"。

③厌,压迫。

④夫唯不厌,帛书本作"夫唯弗厌"。"是以不厌"的"厌",作厌弃解,《淮南子·主术训》:"是以君臣弥久而不相厌。"

人们不害怕统治者的威势,于是统治者更高压的威势就来了。不侮慢他们所赖以安居的东西,不压迫他们赖以生存的空间。因为不压迫他们,所以他们也不会厌弃统治者。所以圣人有自知之明,但不自我表现;自爱,但不自我标榜。所以圣人抛弃那不好的东西,而选择好的做法。

在马王堆帛书中,两节中间有明确的分章点,所以这两节曾经作为两章。

第一节非常精警,"民不畏威,则大威/畏至矣"。民不畏威,因为威权的公信力已经不在了。为了维护这个没有信用的威权,统治者需要拿出更大的成本和更严酷的高压。这是另一种形式的"以暴易暴"。《逸周书·命训》:"夫民生而恶死，无以畏之，能无恐乎？若恐而承教，则度至于极。"清华简的《命训》也有类似的话："夫民生而乐生，谷上以谷之，能毋获乎？女获以忠信，则度以亟。夫民生而恫死丧，上以鬼之，能毋恐乎？女恐而承学，则度至于亟。"吓唬老百姓，让老百姓怀着恐惧来学习统治者认为他们该学习的。这个理论，大概就是很多统治者不断制造恐怖气氛的原因。北大简《周训》载，汤谓大甲曰："尔不畏天，其安得见日？尔不事神，将予汝疾，身病而体痛，岂能有恤？尔能畏天，则寿命永长。"吓唬老百姓，让百姓听话，这个管理理念看来自商汤就有了，所以制造了汤刑。

《管子·国蓄》说："夫民富则不可以禄使也，贫则不可以罚威也。"所以第二节又正告统治者不要压迫人民最基本的生活需求，也就是说让别人也可以活下去。当很多人活不下去的时候，他们为了生存的诉求就是正当的，这才是尊重生命，以人为本。《尚书·五子之章》陈述大禹的话："民可近，不可下。民惟邦本，本固邦宁。予视天下愚夫愚妇，一能胜予。"

"圣人自知"，包括要知道上章所谓病，病病，把自己的病当作病，能够和人讨论，这是解决问题改掉毛病的前提。也包括第 37 章所谓"贵以贱为本，高以下为基"，王侯将相宁有种乎？除了血缘，侯王的高贵何来？也就是说侯王政权的合法性，来自"贱""下"的推举，如果侯王只靠高压维持,不啻坐在火山口了,那么所谓"盖世必有非常之人,然后有非常之事;有非常之事,然后有非常之功"式的标榜也不过是侯王穷兵黩武或者胡作非为的借口罢了。

73

勇于敢,则杀。勇于不敢,则活。①**此两者,或利或害。天之所恶,孰知其故?**②(是以圣人犹难之。)③

天之道,不争而善胜,不言而善应,不召而自来,繟然而善谋。④**天网恢恢,疏而不**(失)[漏]。⑤

①敢,果决。贾谊《贾子·道术》:"持节不恐谓之勇,反勇谓之怯。信理遂惔谓之敢,反敢为揜。"勇于敢,既勇且敢,承上章具体理解为敢于挑战"大威"者,也可以结合第67章宽泛理解为"慈且勇"。勇于不敢,即不敢挑战"大威",选择和"大威"合作者,也可以结合第3章"夫智者不敢"、第30章"不敢以取强"、第67章"不敢为天下先",宽泛理解为"人众兵强,守以畏者胜"这样的守谦德的人。

②《列子·力命》:"老聃语关尹曰:'天之所恶,孰知其故?'言迎天意,揣利害,不如其已。"苏辙《老子解》:

"勇于敢则杀，勇于不敢则活，两者或利或害。天之所恶，孰知其故？是以圣人犹难之。勇于敢则死，勇于不敢则生，此物理之大常也。然而敢者或以得生，不敢者或以得死，世遂以侥幸其或然，而忽其常理。夫天道之远，其有一或然者，孰知其好恶之所从来哉？"

③此句多本无之。马叙伦、高亨均认为，"此句乃后人引六十三章以注此文者，宜据删"。马王堆帛书本和北大竹书本均无此句，高亨推断合理。

④繟（chǎn），带子松弛的样子。繟然，坦然、宽舒的样子。王弼注："垂象而见吉凶，先事而设诚，安而不忘危，未兆而谋之，故曰'繟然而善谋'也。"

⑤恢，广大。疏，稀疏。疏而不失，《后汉书·杜林列传》注、《魏书·景穆十二王传》、《群书治要》均作"疏而不漏"，朱谦之认为："作'漏'是也。"

对于有勇力，还敢于挑战"大威"者，就杀掉；对于有勇力，但能和"大威"合作者，让他们活下来。同样有勇力，结局却截然不同，或者有利，或者有害。上天都厌恶的事，谁知道什么原因呢？（也有时勇于敢者得生，不敢者得死。）天之法则，是不争斗但善于取得胜利，不多说话但善于得到响应，不征召但自有人来投奔，从容坦然而善于谋划。上天的网，很广大，虽然稀疏但没有漏失。

本章连通上下，共三章，杀气很重，不同于我们通常认知的黄老拱默以治的和平景象。或者我们说，第72章讲人们挑战侯王威权该怎么办，本章拈出"杀"字诀，第73章就讲怎么杀的问题。《老子》文本有很多面向，或许这三章最见《老子》之言说对象，或者说其入世之切最见《老子》作为"帝王术"的本质。本章所谓"天网恢恢，疏而不漏"后来多为法律界反复引用，所以黄老与法家的因缘也清晰可见。杨向奎先生《宗周社会与礼乐文明》认为：《吕刑》中的黄帝重刑法，后来与老子一派无为思想结合，遂有黄老学派。黄老学派实为法家与道家的结合。

"勇于敢，则杀"，这意味着大一统的极权社会不会允许分权的力量存在。例如战国时代辉煌的墨家学派，信念坚定，为了心目中的正义赴火蹈刃，死不还踵；他们组织性极强，纪律严明，有技术，多勇士，几乎是一个学术化的哥萨克兵团，所以在秦汉大一统之后迅速消亡了。甚至墨家理论感召的侠义精神，也一直是主流意识形态所打压的对象。《韩非子·二柄》："明主之所导制其臣者，二柄而已。二柄者，刑、德也。何谓刑、德？曰，杀戮之谓刑，庆赏之谓德。"这句话也揭示出，老子念念不忘的功成弗居作为一种存身术是对这种循环的一种跳脱。

74

民不畏死，奈何以死惧之。①**若使民常畏死，而为奇者，吾得(执)而杀之，孰敢？**②

常有司杀者杀。夫代司杀者杀，是谓代大匠斫。夫代大匠斫者，希有不伤其手矣。③

①《尚书·康诰》："凡民自得罪：寇攘奸宄，杀越人于货。暋不畏死，罔弗憝。"暋，强也。憝，怨恨。有学者认为《老子》这个观点是针对《康诰》而发的。

②奇（jī），特殊的、不同于正规的，引申为诡异不正。王弼："诡异乱群谓之奇。"马王堆帛书甲乙本本句均没有"执"字。

③希，少。

人们不怕死，你怎么可以拿死来吓唬他们呢？如果让人们平常怕死，而还有人矫然作乱，我得抓捕并杀掉他，谁还胆敢作乱？一般要有专门掌管死刑的部门来执行这杀人的任务。贸然代替专门掌管死刑的部门来杀人，这就像代替那做木工活的大师傅砍木头。替专门做木工活的大师傅砍木头，很少有不把自己的手弄伤的。

《史记·游侠列传》重点写了一个叫郭解的人。郭解的父亲因为行侠，在汉文帝时被杀。郭解小时候很残忍，亲手杀过不少人，后来长大懂事了，就决定改变自己的行为，检点自己，以德报怨，帮助别人不求回报。郭解外出或归来，老是碰到一个人傲慢地坐在地上看着他。于是有手下想杀掉这个不识相的家伙，郭解说："居住乡里，却不被人家尊敬，这是我自己道德修养不够，他有什么罪过呢？"于是他还暗中帮助这个人免除差役。郭解替人办事，尽其所能；办不成的，也要使相关方面都满意，然后才敢去吃人家酒饭。他恭敬待人，特别讲究信用，因此大家都特别尊重他，争着为他效力。

汉武帝元朔二年（前127），为了巩固皇权，将国家财富的控制在自己手上，汉武帝颁布《迁茂陵令》，命令凡是财富在三百万钱以上的巨富豪门都迁移到京城附近的茂陵去。郭解家较穷，不符合迁转标准，但杨季主的儿子当县掾，他把郭解的名字写到了迁移名单中。甚至卫青都替郭解向汉武帝求情说："郭解家贫，不符合迁移标准。"汉武帝说："一个普通百姓竟能让大将军来替他说话，可见他不穷。"这样，郭解举家被迁到茂陵。迁到茂陵后，那里的贤人豪杰都争着与郭解做朋友。在郭解迁移后，郭解的侄子对叔叔的名字被写进迁移名单很生气，杀死了杨县掾，郭杨两家仇更深了。后来杨季主也被杀死了。杨季主的家人上书告状,有人又把那告状的也杀了。汉武帝听到这消息,就下令逮捕郭解。有个儒生陪同前来查办郭解案件的使者闲坐,对郭解的一个门客说:"郭解专爱做奸邪犯法的事,怎能说是贤人呢?"这个门客因此杀死了这个儒生,并割下他的舌头。审案的官吏拿这事责问郭解,让他交出凶手,但郭解确实不知道凶手是谁。官方也始终没查出来,有人向汉武帝报告说郭解无罪。御史大夫公孙弘议论说:"郭解只是一个平头百姓,任侠行权,因为小事就杀人,他虽然不知道凶手,但其罪过比杀人凶手还严重。该判处郭解大逆无道。"于是诛杀了郭解及其家族。

司马迁为郭解立传,因为:"虽时扞当世之文罔,然其私义廉洁退让,有足称者。名不虚立,士不虚附。至如朋党宗强比周,设财役贫,豪暴侵凌孤弱,恣欲自快,游侠亦丑之。余悲世俗不察其意,而猥以朱家、郭解等令与暴豪之徒同类而共笑之也。"但从汉武帝的角度来说,郭解作为一个异己的力量,势必翦灭而后安,这就是"若使民常畏死,而为奇者,吾得执而杀之,孰敢?常有司杀者杀"的具体执行。

本章不难理解,但对照马王堆帛书甲乙本和傅奕本,我们发现流行的王弼本改动很大,马王堆帛书甲本开头有残缺,甲乙本对勘,高明先生整理文本是:

若民恒且不畏死，奈何以杀惧之也。若民恒且畏死，而为奇者，吾得而杀之，夫孰敢矣。若民恒且必畏死，则恒有司杀者。夫代司杀者杀，是谓代大匠斫也。夫代大匠斫，则希不伤其手矣。

该文本核心句式非常明了：若民恒且不畏死/畏死/必畏死。且，尚且。它和通行本第一句大不同，是"以杀惧之"，并非"以死惧之"。尹振环先生将奈何理解为如之何；杀，理解为杀刑。他强调"民不畏死，奈何以死惧之"并不是后来大家通常理解的意思，来警告执政者不要滥杀，而是提请执政者如何有效地刑杀。本章总体意思大致是：如果人们平时尚不怕死，该怎么做才能用杀刑让他们害怕"天威"？如果人们平时尚怕死，就把胆敢挑战天威作乱的头头逮捕并杀死他，谁还敢继续作乱？如果人们平时尚一定怕死，则常有专门的机构来执行杀刑。侯王若贸然替代专门司杀的机构去亲自执行杀刑，这就像代替那做木工活的大师傅砍木头。替专做木工活的大师傅砍木头，那么很少有不把自己的手弄伤的。

毫无疑问，帛书本的意思逻辑更谨严，也许更合《老子》文本原意，秉承周公思想，德刑并举。《尹文子》："凡民之不畏死，由刑罚过。刑罚过，则民不赖其生。……生无所赖，视君之威末如也。刑罚中则民畏死，畏死，由生之可乐也。知生之可乐，故可以死惧之。此人君之所宜执，臣下之所宜慎。"可见，从尹文子的时代，"民不畏死，奈何以死惧之"已经被用来警告执政者不要滥杀。不过我们联系上章"天网恢恢，疏而不漏"可见，老子是主张杀刑的，但网眼要稀疏些，他并没有赶尽杀绝的意思。商汤就留下了"网开三面"的佳话。但汤的对手夏桀，骄奢淫逸，引起了人们"时日曷丧，予及汝皆亡"的呼声，关龙逢多次进谏，桀不以为然，并没有经过司法机构，就下令处死关龙逢。所以商汤伐夏，被人们称为革命，天命变革，"顺乎天而应乎人"。商汤以宽仁治国，但并不忘记"制礼乐，定献令"，把据说有三千条之多《禹刑》被简化为三百条的《汤刑》，《吕氏春秋》说："刑三百，罪莫重于不孝。"有意思的是，商朝末年纣王几乎犯着夏桀同样的错误，而周文王和周武王父子学着商汤，把历史又几乎重演一遍。文王、周公创制了礼乐文明，其指导思想是"敬天保民""明德慎罚"，德刑并举。

75

民之饥，以其（上）[取]食税之多，① 是以饥。民之难治，以其上之有为，是以难治。民之轻死，② 以其求生之厚，是以轻死。夫唯无以生为者，是贤于贵生。③

①民，马王堆帛书本作"人"。上，指位居其上的执政者，马王堆帛书本作"取"，取食税，意识是被榨取的赋税。

②轻死，不把死当作一回事，即上章所谓"不畏死"。

③贵生，与"轻死"相对，看重生，意思是好好活着。

人们吃不饱饭，是因为他们被榨取的赋税太多了，所以人们遭受饥饿之苦。人们难以治理，是因为位居其上的统治者胡乱作为，弄得人们无所适从。人们轻易犯死罪，因为他们谋求生计温厚、衣食丰足的生活，所以不惜冒险。那些实在活不下去的人，才觉得死了没什么不好。

本章看上去是警告统治者不要横征暴敛的意思，并不难懂，《文子·微明》："帝王富其民，霸王富其地，危国富其吏，治国若不足，乱国若有余。存国困仓实，亡国困仓虚。故曰'上无事而民自富，上无为而民自化'。"但重点是最后的结论：为什么闹到人们怎么也活不下去了呢？"无以生为"，它包括第72章以降的"民不畏威""勇于敢""民不畏死"，这些问题的症结，王弼注简明扼要："言民之所以僻，治之所以乱，皆由上，不由其下也。民从上也。""兴，百姓苦；亡，百姓苦。"在传统的君权社会里，这几乎无可质疑，《尹文子·大道下》甚至说："古之为国者，无使民自贫富，贫富皆由于君，则君专所制，民知所归矣。"这继承了舜帝命禹"朕躬有罪，无以万方；万方有罪，罪在朕躬"（《论语·尧曰》）的教诲。商汤说了类似的话："余一人有罪，不及万夫。万夫有罪，在余一人。"

齐美尔说，我们对身份低微的人提出了更高的道德要求，他们因为贫困而面对着更大的诱惑。所以能够"君子固穷"的人的道德素质远高于身处高位者。试看汉高祖刘邦、汉武帝刘彻的所作所为，哪里和仁、信、慈、孝能够挂钩呢？但当他杀害别人的时候，又离不开这些道德教条。当然，统治者有统治者的道德，刘邦占领咸阳后，暂时抑制了自己的妇女财宝之好，又约法三章，便即刻获得好评。刘邦、吕后、刘恒执政，倒懂得马上得天下不能马上治天下的道理，崇尚黄老，减少税收，休养生息，所以司马迁赞吕后"君臣俱欲休息无为……政不出房户，天下宴然，刑罚罕用，罪人是稀，民务稼穑，衣食滋殖"。上层的腥风血雨，只要恪守了本章这几条，不波及下层，世界大致还是太平的。

76

人之生也柔弱,其死也坚强。[1]**草木之生也柔脆,其死也枯槁。故坚强者,死之徒;柔弱者,生之徒。是以兵强则不胜,木强则兵。**[2]**强大处下,柔弱处上。**

[1] 帛书甲本作"其死也䒑仞(贤)[坚]强";高明训作"其死也筋韧坚强"。

[2] 兵,兵器,这里意思是被兵器伤害的意思,有的版本作"恒""共""兢""核"等。《列子》引用本句作"兵强则灭,木强则折"。

人活着时身体柔软,死的时候就僵硬了。草木活着时枝叶柔韧,死的时候就枯槁了。所以坚强,是归于死亡一类的;柔和,是归于有生命力一类的。所以恃兵逞强,不会获胜;树木结实高大就会遭遇斧锯之灾。强大(内蕴衰落的态势),居下风;柔弱(内蕴生长的力量),居上风。

"坚强者,死之徒;柔弱者,生之徒",是对所谓强者的警告,而绝不能理解为给弱者的安慰。老子提倡的"柔弱"是生命力的向上。第 36 章说"柔弱胜刚强",下面隔章，也就是第78章说"弱之胜强，柔之胜刚"，和本章核心意思一样。但这里重复一遍要说明什么？尹振环先生认为第72章以降都是在讨论执政者如何应对"民不畏威"问题，本章提出了新的方略。第36章已经阐述："将欲歙之，必固张之。将欲弱之，必固强之。将欲废之，必固兴之。将欲取之，必固与之。……国之利器，不可以示人。"

77

天之道，其犹张弓与！①**高者抑之，下者举之。有余者损之，不足者补之。天之道，损有余而补不足。**②**人之道则不然，损不足以奉有余。**③**孰能有余以奉天下？唯有道者。**

是以圣人为而不恃，功成而不处，其不欲见贤。④

①与（yú），句末语气词，相当于"欤"。

②郭店楚简《太一生水》："天道贵弱，削成者以益生者，伐于强，积于[弱。何谓也？天不足]于西北，其下高以强。地不足于东南，其上[厚而壮。不足于上]者，有余于下；不足于下者，有余于上。"

③奉，献给、进奉。

④见,同"现"。见贤,表现贤能。

天的法则,和拉弓射箭不是很像吗?箭头高了,就压低些;箭头低了,就上扬些。张力有余,就减少些气力;张力不足,就再增加些气力。天道,是让有余的受损以添补不足的。人道就不是这样了,让不足的受损以进献给有余的。谁能够自己有余就拿出来献给天下呢?只有守道的人才行。所以圣人有作为,但并不自恃有功;成就事业,但并不居功自傲,他们不想特别显摆贤能。

不足的,为什么总是受损?因为不足的是穷人,是被管理者。有余的是富人,也往往是管理者,或者可以买通管理者的人,掌握着分配权力。所以社会上最常见的是"损不足以奉有余",为了维护不合理现象,就需要更不合理的暴力和更带节奏的谎言。《商君书·说民》认为:"治国之举,贵令贫者富,富者贫。"无论损谁补谁,这都需要一个至上的手去调控,我们如何确定这只手的公正性,而不是上下折腾呢?

老子看到了"损不足以奉有余"这种人间不公的普遍性,因而提出"损有余而补不足",可见他敏锐意识到资源和财富的二次分配与社会秩序化之间的问题了。《晏子春秋·内篇问上》说:"其取财也,权有无,均贫富,不以养嗜欲。"《论语·季氏》:"闻有国有家者,不患寡而患不均,不患贫而患不安。盖均无贫，和无寡，安无倾。"贤如晏子，仁如孔子，也只能从伦理上阐述道理，具体的政事得失考验的则是执政者自身的"正心诚意"与现实智慧，这些又是经典与道理都无法赋予的。

78

天下莫柔弱于水。而攻坚强者，莫之能胜，[1][以]**其无以易之。**[2]**弱之胜强，柔之胜刚，天下莫不知，莫能行。是以圣人云："受国之垢，是谓社稷主；受国不祥，是为天下王。"**[3]

正言若反。

[1]莫之能胜，意思是"莫能胜之"。易，改易。
[2]"以"字，据马王堆帛书甲乙本和北大竹书本补。
[3]垢，耻辱。《左传·宣公十五年》："川泽纳污，山薮藏疾，瑾瑜匿瑕，国君含垢，天之道也。"含垢，杜注云："忍垢耻。"

天下最柔弱的东西莫过于水。但攻克坚强的东西，没有能超过水的，因为没有什么能够改易水的本性。弱能胜强,柔能胜刚,这个道理天下没人不知道,但也没有人能够去践行。所以圣人说:"能够忍受国家耻辱的,才称得上保卫社稷的侯王;能够承担国家不祥厄运的,才能称得上天下之君主。"正面立论,听起来像反话似的。

"弱之胜强,柔之胜刚"著名的例子是刘向《说苑·敬慎》记载的舌存齿亡:

常摐病了,老子去看望他,问:"先生病很重,有什么特别重要的教诲要给弟子说的吗?"常摐说:"你即使不问,我也将有话告诉你。经过故乡要下车,你知道吗?"

老子回答:"过故乡而下车,是说不要忘旧吗?"

常摐说:"是这样。看到乔木要快步走上去,你知道吗?"

老子回答:"是说要敬老吗?"

常摐说:"是这样。"他张开嘴指给老子看,然后问:"我舌头还在吗?"

老子回答:"在。"

"我牙齿还在吗?"

老子回答:"不在了。"

常摐问:"你知道原因吗?"

老子回答:"舌存,难道不是因为它柔软吗?齿亡,难道不是因为它刚硬吗?"

常摐说:"是这样。天下的事我都说完了,我还有什么可以告诉你的呢?"

本章的结论部分"受国之垢,是谓社稷主;受国不祥,是为天下王",这告诫执政者面对"民不畏威""民不畏死"的局面,不要退缩,不怕被指责,要有抗压能力,有解决办法,有大担当,能够担当起一个国家的苦难。像勾践遭遇亡国,能够忍辱含垢,卧薪尝胆,最后复兴社稷。宋苏轼《上皇帝书》:"国君含垢,至察无徒。若陛下多方包容,则人材取次可用。"到这里,就衍生出领导者要有包容异议的雅量。

79

和大怨,必有余怨,安可以为善?①**是以圣人执左契,**②**而不责于人。有德司契,无德司彻。**③**天道无亲,常与善人。**④

①安,马王堆帛书甲本作"焉"。

②契,契约,古代用来证明买卖、租赁、借贷、抵押等关系的一种证据。判书是古代比较常用的契约形式。《周礼·秋官·朝士》曰:"凡有责者,有判书以治则听。"郑玄注:"判,半分而合。"清代孙诒让对不同的判书形式做

过比较说明:"盖质剂、傅别、书契,同为券书。特质剂,手书一札,前后文同,而中别之,使各执其半札。傅别则为手书大字,中字而别其札,使各执其半字。书契则书两札,使各执其一札。傅别札、字半别。质剂,则唯札半别,而字全具,不半别。书契,则书两札,札亦不半别也。"

马王堆帛书甲本"圣右(介)[契]",其他各本作"左契"。左右契的区别有三则材料。《礼记·曲礼》"献粟者,执右契"郑玄注:"两书一契,同而别之。"《战国策·韩策三》"安成君东重于魏,而西贵于秦,操右契,而为公责德于秦魏之主"鲍彪注:"左契,待合而已;右契,可以责取。"《商子·定分》:"以左券予吏之问法令者;主法令之吏,谨藏其右券木柙以室藏之。"所以,左契,是契约的发起方,由负债人持有。右契,是帮助负债人纾解困难的债权人持有,债权人可以据此向负债人追讨。这样,本篇究竟该是左契,还是右契?根据古代契约的规制来说,该是"圣人执右契"。那"不责于人"究竟是不向借债人追究责任,还是不被别人责备?如果强调圣人是契约的发起人(执左契),应该理解为并不被人责备。如果强调圣人不向借债人逼债,那就应该是执右契才有资格。再向下文看,"有德司契,无德司彻",司契和司彻是对立的概念,这个司契就不再是左右问题了,而是发起的意思,意思是圣人重视契约,反对强制性的高税收政策。

③司，《玉篇》："主也。"《高宗肜日》："王司敬民。""有德司契"，其实主张的就是第63章的"报怨以德"。彻，周代的田税制度。《论语》"盍彻乎"郑玄注："周法什一而税，谓之彻。"《孟子·滕文公上》："夏后氏五十而贡，殷人七十而助，周人百亩而彻，其实皆什一也。……治地莫善于助。"杨向奎认为：助是劳役租，而彻是实物租。另，彻，有剥取的意思，《诗·豳风》："迨天之未阴雨，彻彼桑土，绸缪牖户。"

④《尚书·康诰》："皇天无亲，惟德是辅。"这其实是商汤和周武的革命理论，意思是天命并不掌握在一人一姓手里，天命会向尊道有德的人转移。尊道有德的人得到天命，就可以杀死违道失德的独裁者，这就是后来所谓替天行道。

化解大的怨仇，一定还有小的积恨，那怎么做更好呢？（圣人提倡契约精神，约好了的就要执行。）圣人是契约的发起方，但并不因此招人恨。有德的人主管契约，求合验而已，无德的人主宰税收，强行剥取。天道对谁都不特别亲近，但他常常帮助有善心的人。

憨山注《老》："此言圣人无心之恩，但施而不责报，此为当时计利者发也。然恩生于怨，怨生于恩。当时诸侯两相构怨，霸者主盟而为和之。大怨既和，而必责报。报之不至，而怨亦随之，是有余怨也。庄子云，贼莫大于德有心。故曰安可以为善。是以圣人无心之德，但施而不责报。"

第72章至此共八章，都在讨论如何应对"民不畏威"的局面，方略分别是：让别人活下去（"无狎其所居，无厌其所生"）；杀掉不怕权威胆敢做乱的（"勇于敢，则杀。……天网恢恢，疏而不漏"）。那百姓不怕被杀掉（"不畏死"）又怎么办？姑且杀掉挑头的，并且讲究震慑效果，成立专门司法机构以儆效尤（"民恒且畏死，而为奇者，吾得执而杀之……恒有司杀者杀"）。为了长治久安，不要苛捐杂税，胡乱作为（"民之饥，以其上食税之多……民之难治，以其上之有为"）；贵柔弱，以保持生机与活力（"坚强者，死之徒；柔弱者，生之徒"）；讲公平，不显摆（"损不足以奉有余……不欲见贤"）；做君主的要有抗压能力，有包容异议的雅量，能够担当大的苦难（"受国之垢，是谓社稷主；受国不祥，是为天下王"）。最后落实到讲究信用的契约精神，要怀有善心（"有德司契，无德司彻。天道无亲，常与善人"）。汉刘向《说苑·敬慎》引老子的话："得其所利，必虑其所害；乐其所成，必顾其所败。人为善者，天报以福；人为不善者，天报以祸也。"

本章史例如周武王灭商后，采取"以殷治殷"的政策，分封纣王的儿子武庚于殷，利用他统治殷民，同时派遣自己兄弟管叔、蔡叔、霍叔在殷都附近建立邶、鄘、卫三国以监视武庚，合称"三监"。周武王死后，周公摄政，武庚看到复商的机会，伙同三监作乱。这就是"和大怨，必有余怨"。周公东征杀掉了武庚，将殷地一分为二：封纣王的弟弟微子启，建立宋国，作《微子之命》，强调"抚民以宽，除其邪虐，功加于时，德垂后裔"；封自己的弟弟康叔，建立卫国，作《康诰》："我闻曰：'怨不在大，亦不在小。惠不惠，懋不懋。'……乃服惟弘王应保殷民，亦惟助王宅天命，作新民。"

80

小(国)[邦]寡民。①使有什伯之器而不用，②使民重死而不远徙。③虽有舟舆，无所乘之。虽有甲兵，无所陈之。使民复结绳而用之。④甘其食，美其服，安其居，乐其俗。邻(国)[邦]相望，鸡犬之声相闻，民至老死不相往来。

①马王堆帛书甲本作"小邦寡民"。小、寡均是形容词活用作使动词，使邦小、使民寡的意思。

②什伯之器，马王堆帛书甲本作"十百人之器"，指兵

器。俞樾："什伯之器，乃兵器也。"

③马王堆帛书本作"使民重死而远徙"。重死，参阅第74章"民不畏死"。远，动词，离开、避开。《论语·颜渊》："舜有天下，选于众，举皋陶，不仁者远矣。"远徙，就是不徙，不迁徙到别处。后来"远"多被理解作形容词，形容空间距离大，所以文本被加上了否定词"不"，不远徙，不向远方迁徙。

④《易·系辞》："上古结绳而治，后世圣人易之以书契。"参上章，也就是第79章"有德司契，无德司彻"，所以这里用"复结绳而用之"，和"司契"大致相通。

使得下属诸侯国国土小一点，他们的子民也少一点。即使各国持有兵器，但都用不上。使得各国子民特别看重死，因为他们赖以生存的土地等生活资料在这里，因此不愿意迁徙。虽然有船和车子，没有人乘坐（离开）。虽然持有兵器和甲胄，但没有用武之地。使得人们恢复结绳而治的契约精神，讲信用。他们饮食很好，穿戴美观，安居乐业，风俗醇厚。相邻的各诸侯国相互张望，但并不羡慕忌恨，鸡和狗的叫声都能相互听到，一片和平景象。大家在自己的住所终老，并不需要异地相求。

理解本章，需要参阅第54章"以身观身，以家观家，以乡观乡，以邦观邦，以天下观天下"，注意身、家、乡、邦、天下的层次。这是给君临天下的帝王的忠告。当时宗周社会只是一个松散的邦国，如何让各位诸侯王服从周王朝是一个极为重要的课题。《尹文子》："君权轻，臣势重，亡国。"所以小国寡民的原本含义就是别让下属尾大不掉，类似于后代的削藩。《左传·隐公元年》"郑伯克段于鄢"："都城过百雉，国之害也。"都城的城墙超过三百丈，就会成为国家的危害。藩国拥有抗衡中央的军事实力是帝王最为忌讳的。硬性削藩又非常危险。汉武帝推恩令是非常聪明的小国寡民政策。这项政令以推广皇帝恩泽的名义改变了诸侯国的嫡长子继承制，要求诸侯王死后，除嫡长子继承王位外，其他子弟也可分割王国的一部分土地成为列侯，由郡守统辖。根据这项政令，各封国越分越小，诸侯势力大为削弱，从此"大国不过十余城，小侯不过十余里"，完全失去了挑战中央的能力。"八王之乱""七国之乱"类似的问题，就彻底解决了。

我们传统上多数学者将本章理解为一个乌托邦，鸡犬之声相闻，是一个非常和平的景象。本章和下面的第 81 章在马王堆帛书中的章序本来在第 66 章和第 67 章之间，也就是第 66 章的核心是"是以欲上民，必以言下之。欲先民，必以身后之。……以其不争，故天下莫能与之争"，所以小国寡民是一个不争的形象说明。

后来《孟子·滕文公上》也有类似的乌托邦："夫仁

政,必自经界始。经界不正,井地不钧,谷禄不平。是故暴君污吏必慢其经界。经界既正,分田制禄可坐而定也。夫滕壤地褊小,将为君子焉,将为野人焉?无君子莫治野人,无野人莫养君子。请野九一而助,国中什一使自赋。卿以下必有圭田,圭田五十亩。余夫二十五亩。死徙无出乡,乡田同井。出入相友,守望相助,疾病相扶持,则百姓亲睦。方里而井,井九百亩,其中为公田。八家皆私百亩,同养公田。公事毕,然后敢治私事。"将所属民众固定在土地上,这是对上古封建井田制的倾情怀恋,老子、孟子的乌托邦又常常被认为是原始主义的、保守的,但的确表现了他们对生民流离失所的深切同情。很多进步思想都需要用复古的方式来言说,"民复结绳而用之"。而如果这种流动性成为一个社会的必然,我们又该如何构建健康的民生新秩序呢?古人那里没有现成答案。

  任何乌托邦都是美的。《史记·货殖列传》引作:"至治之极,邻国相望,鸡犬之声相闻。民各甘其食,美其服,安其俗,乐其业,至老死不相往来。"《庄子·胠箧》用"当是时也,民结绳而用之,甘其食,美其服,乐其俗,安其居,邻国相望,鸡狗之音相闻,民至老死而不相往来"这样大致相同的话来形容上古莫须有的"至德之世"。如果我们注意到《老子》文本中几处"自古及今"本是"自今及古",那么老子和庄子、孟子均大不同,他无疑是非常现实主义的。

81

信言不美，美言不信。善者不辩，辩者不善。知者不博，博者不知。①

圣人不积。②**既以为人，己愈有；既以与人，己愈多。天之道，利而不害。圣人之道，为而不争。**

①本段马王堆帛书乙本作："信言不美，美言不信。知者不博，博者不知。善者不多，多者不善。"《文子·微明》引老子的话："夫知言之谓者，不以言言也。"

②马王堆帛书乙本、北大竹书本均作"圣人无积"。

可信的话不一定漂亮，漂亮话未必可信。善良的人不一定有说服力，有说服力的人未必善良。智慧的人不一定博学，博学的人未必有智慧。圣人并不积聚钱财。帮助了别人，自己因而更有余；施与了别人，自己因而更富足。上天的法则，广利万物而不形成伤害。圣人的法则，努力成就而不争。

第一节，马王堆帛书本和王弼本相比主要两点区别：一是，第二句和第三句顺序有别；二是，"善者不辩，辩者不善"作"善者不多，多者不善"。也就是说老子原来没有排斥"善且辩"的意思。"善者不多，多者不善"，大致意思是，好人不多，多数人离善的标准还很远。这几乎就是"人心惟危"的翻版。《庄子·胠箧》说："天下之善人少，而不善人多。"在逻辑上说，"善者不多，多者不善"置于后，接"圣人不积"，更合理。"圣人不积"的例子，可以参阅第9章释读中范蠡晚期的故事。他离开越国，在齐地隐姓埋名治家理财，致财富数十万。齐人便请他出来做相。范蠡"不欲见贤"（第77章），把自己的钱财都分给朋友和乡党，再次出走。后来在宋国陶这个地方，经商致富，又积累财产巨万。他再次把这些财产又散给比较贫穷的朋友和远方兄弟们。这就是大家津津乐道的陶朱公。侯王中"既以为人，己愈有；既以与人，己愈多"的突出例子，是千金买骨的故事。燕昭王觉得郭隗花重金收买马骨的故事大有感召力，便卑身厚币招纳贤士，师事郭隗。燕昭王礼贤下士的名声风动天下，各国有抱负有才华的人因此争相奔赴燕国：武将剧辛从赵国来，谋士邹衍从齐国来，乐毅从魏国来，苏代从洛邑来，燕国一时人才济济，国家殷富，士卒效命。燕昭王二十八年（前284），乐毅率军联合三晋及秦楚之师大破齐军，占领齐城邑七十余座，燕国进入鼎盛时期。这其实是付出与回报问题。付出的时候，要有大格局，有长远眼光。

在马王堆帛书中，本章"圣人不积"前面有分章标记，两节没有太深的逻辑关联，当然也可以大致理解为圣人之道"甚易知，甚易行"（第 70 章），不刻意追求美、辩、博。这两节曾被作为两章；下节和帛书本章序下接的王弼本第 67 章倒有更紧密的逻辑关系。第 67 章核心是："我有三宝，持而保之：一曰慈，二曰俭，三曰不敢为天下先。""圣人不积"即是"俭"；"既以为人""既以与人"即是"慈"；"为而不争"即是"不敢为天下先"。

本章被作为《老子》文本最后一章，将主题落在"利而不害""为而不争"上，这更符合魏晋时代的政治环境与玄学背景，但愿不害不争，能让士人在那动辄得咎的时代苟全性命。诡诞的司马懿诛杀曹爽后，顺便灭了何晏三族。王弼亦被牵连去职，同年而亡，年仅二十三岁。十四年后，尚奇任侠的嵇康被刑，《广陵散》绝矣，享年四十。青白眼的阮籍"生命无期度，朝夕有不虞"，死前一两个月还是写了《劝进表》。悠悠忽忽，土木形骸的刘伶在酒里讨生活，晚唐韦庄说："刘伶避世唯沉醉，宁戚伤时亦浩歌。"悲夫！

第三部分 《老子》整理本

说　明

《老子》版本众多,郭店楚简本、马王堆帛书本、北大藏西汉竹书本、河上公本、王弼本未必属于一个系统。但鉴于大家常读王弼本,所以整理过程中尊重王弼本,凡不影响《老子》原意的表述尽量保留,以方便记诵。只是恢复其所讳字,恢复"不""弗""勿""毋"等有细微差别的字词表述。马王堆帛书甲本不避刘邦、刘恒的名讳,可知成于刘邦称帝之前,有不少明显优于王弼本的,则依高明先生还原的马王堆帛书本进行优化。郭店楚简本是现存最早的《老子》文本,虽然仅存三十二章,但就思想内容而言,有一些明显更符合老子所处的时代的特征,更接近老子原意,整理本尽可能采用它来进一步优化。需要提醒读者的是:整理本所谓优化,并非执意还原《老子》,而是适当保留了流行王弼本一些言近旨远的改动。做《老子》定本,目前还是不可能完成的任务。

《老子》的分章和章序是另一个课题,不同本子自有所不同。为了便于读者综合把握,本整理本索性跳开《道经》《德经》孰前孰后的争执,而试着将《老子》论述同一问题的章节相对集中起来,分为四篇,"道篇""德篇""圣篇"和"治篇"。道篇主要论述道体,德篇主要论述得道之路,圣篇主要论述合道的修身应世之术,治篇主要论述如何用道来治理天下。王弼本的章序附于每章之后。

一、道篇

道可道,非恒道。名可名,非恒名。无名,万物之始。有名,万物之母。

故恒无欲,以观其妙。恒有欲,以观其徼。此两者同出,异名同谓。玄之又玄,众妙之门。(01)

道冲,而用之或弗盈,渊兮似万物之宗。湛兮似或存。吾不知谁之子,象帝之先。(04)

谷神不死,是谓玄牝。玄牝之门,是谓天地根。绵绵若存,用之不勤。(06)

道生一,一生二,二生三,三生万物。万物负阴而抱阳,冲气以为和。(42上)

反者道之动。弱者道之用。天下万物生于有,生于无。(40)

三十辐共一毂,当其无,有车之用。埏埴以为器,

当其无，有器之用。凿户牖，当其无，有室之用。故有之以为利，无之以为用。（11）

道恒无名。朴，虽小，天下弗敢臣。侯王若能守之，万物将自宾。天地相合以降甘露，民莫之令而自均。
始制有名。名亦既有，夫亦将知止。知止可以不殆。譬道之在天下，犹小谷之于江海。（32）

有状混成，先天地生。寂兮寥兮，独立不改，可以为天下母。未知其名，字之曰道，强为之名曰大。大曰逝，逝曰远，远曰反。道大、天大、地大，王亦大。域中有四大，而王居一焉。人法地，地法天，天法道，道法自然。（25）

视之而弗见，名之曰微。听之而弗闻，名之曰希。捪之而弗得，名之曰夷。此三者不可致诘，故混而为一。一者，其上不皦，其下不昧，绳绳不可名，复归于无物。是谓无状之状，无物之象，是谓惚恍。迎之不见其首，随之不见其后。执今之道，以御今之有，以知古始，是谓道纪。（14）

道泛兮，其可左右，成功遂事而弗名有。

万物归焉而弗为主，则恒无欲也，可名于小。万物归焉而弗为主，可名为大。是以圣人之能成大也，以其不为大，故能成大。（34）

执大象，天下往。往而不害，安平太。乐与饵，过客止。

道之出言，淡乎其无味。视之不足见。听之不足闻。用之不可既。（35）

道恒无为也，侯王能守之，而万物将自化。化而欲作，将镇之以无名之朴。夫亦将知足。知足以静，万物将自定。（37）

上士闻道，勤而行之。中士闻道，若存若亡。下士闻道，大笑之。弗大笑，不足以为道。故建言有之：明道若昧，进道若退，夷道若纇，上德若谷。

大白若辱。广德若不足。建德若偷。质真若渝。大方无隅。大器免成。大音希声。大象无形。道褒无名。夫唯道善贷且成。（41）

道者万物之注也。善人之宝，不善人之所保。美言可以市，尊行可以加人。人之不善，何弃之有？

故立天子，置三公，虽有拱璧以先驷马，不如坐进此。古之所以贵此者何？不曰求以得，有罪以免邪？故为天下贵。（62）

二、德篇

上德不德，是以有德。下德不失德，是以无德。上德无为而无以为。上仁为之而无以为。上义为之而有以为。上礼为之而莫之以应，则攘臂而扔之。故失道而后德。失德而后仁。失仁而后义。失义而后礼。夫礼者，忠信之薄而乱之首。

前识者，道之华而愚之始。是以大丈夫处其厚，不居其薄。处其实，不居其华。故去彼取此。（38）

昔之得一者，天得一以清，地得一以宁，神得一以灵，谷得一以盈，万物得一以生，侯王得一以为天下贞。

其诫之也：天毋已清，将恐裂。地毋已宁，将恐发。神毋已灵，将恐歇。谷毋已盈，将恐竭。侯王毋已贵高，将恐蹶。

故必贵以贱为本，必高以下为基。是以侯王自谓孤、寡、不谷。此以贱为本与？非也。故致数誉无誉。不欲琭琭如玉，珞珞如石。（39）

人之所恶，唯孤、寡、不穀，而王公以为称。故物，或损之而益，或益之而损。人之所教，我亦教之。强梁者，不得其死。吾将以为教父。（42下）

道生之，德畜之，物形之，器成之。是以万物尊道而贵德。道之尊，德之贵，夫莫之爵而恒自然。

故道生之，德畜之。长之育之。亭之毒之。养之覆之。生而弗有，为而弗恃，长而弗宰，是谓玄德。（51）

善建者不拔。善抱者不脱。子孙以祭祀不辍。

修之于身，其德乃真。修之于家，其德乃余。修之于乡，其德乃长。修之于邦，其德乃丰。修之于天下，其德乃溥。

故以身观身，以家观家，以乡观乡，以邦观邦，以天下观天下。吾何以知天下然哉？以此。（54）

含德之厚，比于赤子。蜂虿虺蛇弗螫，猛兽攫鸟弗搏。骨弱筋柔而握固，未知牝牡之合而朘怒，精之至也。终日号而不嗄，和之至也。知和曰常。知常曰明。益生曰祥。心使气曰强。

物壮则老，谓之不道，不道早已。（55）

人之生也柔弱，其死也坚强。草木之生也柔脆，其死也枯槁。故坚强者，死之徒；柔弱者，生之徒。是以兵强则不胜，木强则折。强大处下，柔弱处上。（76）

孔德之容，惟道是从。道之为物，惟恍惟惚。惚兮恍兮，其中有象。恍兮惚兮，其中有物。窈兮冥兮，其中有精。其精甚真，其中有信。自今及古，其名不去，以阅众甫。吾何以知众甫之状哉？以此。（21）

希言自然。飘风不终朝，骤雨不终日。孰为此？天地而弗能久，又况于人乎？

故从事而道者同于道，德者同于德，失者同于失。同于德者，道亦德之；同于失者，道亦失之。（23）

知其雄,守其雌,为天下溪。为天下溪,恒德不离,复归于婴儿。知其白,守其黑,为天下式。为天下式,恒德不忒,复归于无极。知其荣,守其辱,为天下谷。为天下谷,恒德乃足,复归于朴。朴散则为器。圣人用之则为官长。故大制无割。(28)

三、圣篇

圣人不积。既以为人,己愈有;既以与人,己愈多。天之道,利而不害。圣人之道,为而弗争。(81下)

天下皆谓我大,大而不肖。夫唯不肖,故能大。若肖,久矣其细也夫。

我恒有三宝,持而保之。一曰慈,二曰俭,三曰不敢为天下先。

慈,故能勇;俭,故能广;不敢为天下先,故能成事长。今舍慈且勇,舍俭且广,舍后且先,死矣!夫慈以战则胜,以守则固。天将救之,以慈卫之。(67)

善为士者不武。善战者不怒。善胜敌者弗与。善用人者为之下。是谓不争之德。是谓用人，是谓配天，古之极也。（68）

天长地久。天地所以能长且久者，以其不自生，故能长生。

是以圣人退其身而身先，外其身而身存。非以其无私邪，故能成其私。（07）

上善若水。水善利万物而有静，处众人之所恶，故几于道。

居善地，心善渊，予善天，言善信，正善治，事善能，动善时。

夫唯不争，故无尤。（08）

持而盈之，不如其已。揣而梲之，不可长保。金玉满堂，莫之能守。富贵而骄，自遗其咎。功遂身退，天之道。（09）

载营魄抱一，能无离乎？专气致柔，能婴儿乎？涤除玄鉴，能毋有疵乎？爱民治国，能毋以知乎？天

门启阖，能为雌乎？明白四达，能毋以知乎？（10）

宠辱若惊，贵大患若身。
何谓宠辱若惊？宠为下。得之若惊，失之若惊，是谓宠辱若惊。
何谓贵大患若身？吾所以有大患者，为吾有身。及吾无身，吾有何患？
故贵以身于为天下，若可托天下。爱以身为天下，若可寄天下。（13）

古之善为士者，微妙玄通，深不可识。夫唯不可识，故强为之容。豫乎如冬涉川。犹乎如畏四邻。俨乎其如客。涣乎其如释。敦乎其如朴。沌乎其如浊。孰能浊以静者徐清？孰能安以动者徐生？保此道者不欲尚盈。［夫唯不欲盈，是以能敝而不成。］（15）

致虚极，守静笃。万物并作，吾以观复。夫物芸芸，各复归其根。归根曰静，是谓复命。复命曰常，知常曰明。不知常，妄作，凶。知常容，容乃公，公乃王，王乃天，天乃道，道乃久，没身不殆。（16）

绝学无忧。唯之与阿，相去几何？善之与恶，相去何若？人之所畏，不可不畏。

荒兮其未央哉！众人熙熙，如享太牢，如春登台。我独泊兮其未兆，如婴儿之未咳。儽儽兮若无所归。众人皆有余，而我独遗。我愚人之心也哉，沌沌兮。俗人昭昭，我独昏昏；俗人察察，我独闷闷。忽兮其若海，恍兮若无止。众人皆有以，而我独顽且鄙。我独异于人，而贵食母。（20）

曲则全。枉则直。洼则盈。敝则新。少则得。多则惑。是以圣人抱一，以为天下牧。不自是故彰。不自见故明。不自伐故有功。弗矜故能长。夫唯不争，故天下莫能与之争。古之所谓"曲则全"者，岂虚言哉！诚全而归之。（22）

炊者不立，自见者不明。自是者不彰。自伐者无功。自矜者不长。其在道也，曰余食赘行。物或恶之，故有欲者弗居。（24）

善行无辙迹。善言无瑕谪。善数不用筹策。善闭无关楗而不可启。善结无绳约而不可解。

是以圣人恒善救人，而无弃人，物无弃材。是谓袭明。

故善人者，善人之师。不善人者，善人之资。不贵其师，不爱其资，虽智大迷，是谓要妙。（27）

知人者智，自知者明。胜人者有力，自胜者强。知足者富，强行者有志。不失其所者久，死而不亡者寿。（33）

天下之至柔，驰骋于天下之至坚。无有入于无间。吾是以知无为之有益。不言之教，无为之益，天下希及之。（43）

名与身孰亲。身与货孰多。得与亡孰病。是故甚爱必大费。多藏必厚亡。知足不辱，知止不殆，可以长久。（44）

大成若缺，其用不敝。大盈若冲，其用不穷。大直若屈。大巧若拙。大赢若朒。
躁胜苍，青胜燃，清静为天下定。（45）

[罪莫重乎甚欲。]咎莫惨乎欲得。祸莫大乎不知足。知足之为足，此恒足矣。(46下)

不出户，知天下。不窥牖，见天道。其出弥远，其知弥少。是以圣人不行而知，不见而明，弗为而成。(47)

为学者日益，为道者日损。损之又损，以至于无为。无为而无不为。
取天下恒以无事。及其有事，不足以取天下。(48)

出生入死。生之徒，十有三。死之徒，十有三。而民生生，动皆之死地，亦十有三。夫何故？以其生生也。

盖闻善摄生者，陵行不避兕虎，入军不被甲兵。兕无所投其角，虎无所措其爪，兵无所容其刃。夫何故？以其无死地。(50)

为无为，事无事，味无味。大小多少，报怨以德。图难于其易，为大于其细。天下之难作于易，天下之大作于细。是以圣人终不为大，故能成其大。

夫轻诺必寡信。多易必多难。是以圣人犹难之，故终无难矣。（63）

吾言甚易知，甚易行。天下莫能知，莫能行。言有宗，事有君。夫唯无知，是以不我知。知我者希，则我者贵。是以圣人被褐怀玉。（70）

知不知，上。不知知，病。是以圣人之不病，以其病病，是以不病。（71）

信言不美，美言不信。知者不博，博者不知。善者不多，多者不善。（81上）

天下皆知美之为美，斯恶矣；皆知善之为善，斯不善已。故有无相生，难易相成，长短相形，高下相盈，音声相和，先后相随。
是以圣人处无为之事，行不言之教。万物作焉而弗始，为而弗志，成而弗居。夫唯弗居，是以弗去。（02）

四、治篇

治人事天，莫若啬。夫唯啬，是谓早服。早服，谓之重积德。重积德，则无不克。无不克，则莫知其极。莫知其极，可以有国。有国之母，可以长久。是谓深根固柢，长生久视之道。（59）

治大邦若烹小鲜。
以道莅天下，其鬼不神。非其鬼不神，其神不伤人。非其神不伤人，圣人亦弗伤也。夫两不相伤，故德交归焉。（60）

大邦者下流也，天下之牝。天下之交也，牝恒以静胜牡。为其静也，故宜为下。故大邦以下小邦，则取小邦；小邦以下大邦，则取于大邦。故或下以取，或下而取。大邦不过欲兼畜人；小邦不过欲入事人。夫两者各得所欲，大者宜为下。（61）

其安易持，其未兆易谋，其脆易泮，其微易散。为之于未有，治之于未乱。

合抱之木，生于毫末。九层之台，起于累土。千里之行，始于足下。

为者败之，执者失之。是以圣人无为，故无败；无执，故无失。人之败也，恒于其几成也败之。慎终如始，则无败事。

是以圣人欲不欲，不贵难得之货。学不学，复众人之所过，以辅万物之自然，而弗能为。（64）

为道者，非以明民，将以愚之。民之难治，以其知也。故以知治邦，邦之贼；以不知治邦，邦之德。

知此两者，亦稽式也。恒知稽式，是谓玄德。玄德深矣，远矣，与物反矣，然后乃至大顺。（65）

江海所以为百谷王，以其能为百谷下，是以能为百谷王。圣人之在民前也，以身后之；其在民上也，以言下之。其在民上也，民弗厚也；其在民前也，民弗害也。天下乐推而弗厌。以其不争也，故天下莫能与之争。（66）

小邦寡民。使有什伯之器而毋用，使民重死而远徙。虽有舟舆，无所乘之。虽有甲兵，无所陈之。使

民复结绳而用之。甘其食,美其服,安其居,乐其俗。邻邦相望,鸡犬之声相闻,民至老死不相往来。(80)

不尚贤,使民不争。不贵难得之货,使民不为盗。不见可欲,使民不乱。

是以圣人之治,虚其心,实其腹,弱其志,强其骨。恒使民无知、无欲,使夫知者不敢、弗为而已,则无不治矣。(03)

天地不仁,以万物为刍狗。圣人不仁,以百姓为刍狗。

天地之间,其犹橐龠乎?虚而不屈,动而愈出。

多(言)[闻]数穷,不若守中。(05)

圣人恒无心,以百姓之心为心。善者,善之;不善者,亦善之,德善。信者,信之;不信者,亦信之,德信。圣人在天下,歙歙焉,为天下浑其心。百姓皆属耳目焉,圣人皆孩之。(49)

五色令人目盲。五音令人耳聋。五味令人口爽。驰骋畋猎令人心发狂。难得之货令人行妨。

是以圣人之治也，为腹不为目，故去彼取此。（12）

知者弗言，言者弗知。塞其兑，闭其门，挫其锐，解其纷，和其光，同其尘，是谓玄同。

故不可得而亲，不可得而疏。不可得而利，不可得而害。不可得而贵，不可得而贱，故为天下贵。（56）

天下有始，以为天下母。既得其母，以知其子；既知其子，复守其母，没身不殆。

塞其兑，闭其门，终身不勤。启其兑，济其事，终身不救。

见小曰明，守柔曰强。用其光，复归其明，毋遗身殃。是为习常。（52）

使我介然有知，行于大道，唯迤是畏。大道甚夷，而人好径。

朝甚除，田甚芜，仓甚虚。服文彩，带利剑，厌饮食，财货有余。是为盗夸，非道也哉。（53）

太上，下知有之。其次，亲而誉之。其次，畏之。其次，侮之。信不足焉，有不信。悠兮其贵言，成功遂事，百姓皆谓我自然。（17）

大道废，有仁义。慧智出，有大伪。六亲不和，有孝慈。邦家昏乱，有贞臣。（18）

绝知弃辩，民利百倍。绝为弃虑，民复孝慈。绝巧弃利，盗贼无有。此三者以为文不足，故令有所属。见素抱朴，少私寡欲。（19）

将欲取天下而为之，吾见其弗得已。天下神器，非可为也。为者败之，执者失之。

物或行或随，或歔或吹，或强或羸，或培或隳。是以圣人去甚，去奢，去泰。（29）

以正之邦，以奇用兵，以无事取天下。吾何以知其然哉？

天下多忌讳，而民弥畔。民多利器，而邦滋昏。人多智，而奇物滋起。法物滋彰，盗贼多有。

故圣人云：我无为而民自化，我好静而民自正，

我无事而民自富,我欲不欲而民自朴。(57)

其正闷闷,其民屯屯。其正察察,其邦夬夬。祸兮,福之所倚;福兮,祸之所伏。孰知其极?其无正也。正复为奇,善复为妖。人之迷,其日固久。是以方而不割,廉而不刿,直而不肆,光而不耀。(58)

以道佐人主者,不欲以兵强于天下。善者果而已,不以取强。果而弗伐。果而弗骄。果而弗矜。是谓果而不强。其事好长。(30)

君子居则贵左,用兵则贵右。故曰:兵者,非君子之器,不得已而用之,铦袭为上,弗美也。美之,是乐杀人。夫乐杀人者,不可得志于天下矣。
吉事尚左,丧事尚右。是以偏将军居左,上将军居右。言以丧礼处之。杀人众,以哀悲泣之。战胜,以丧礼处之。(31)

将欲歙之,必固张之。将欲弱之,必固强之。将欲去之,必固举之。将欲夺之,必固予之。是谓微明。柔弱胜刚强。

鱼不可脱于渊,邦之利器不可以示人。(36)

重为轻根,静为躁君。是以君子终日行不离辎重。唯有环官,燕处则昭若,奈何万乘之王,而以身轻天下。轻则失(本)[根],躁则失君。(26)

用兵者有言,吾不敢为主,而为客;不敢进寸,而退尺。是谓行无行,攘无臂,执无兵,乃无敌矣。祸莫大于无敌。无敌,几丧吾宝。故称兵相若,哀者胜矣。(69)

天下有道,却走马以粪。天下无道,戎马生于郊。(46上)

民不畏威,则大威至矣。
毋狎其所居,毋厌其所生。夫唯弗厌,是以不厌。是以圣人自知,不自见;自爱,不自贵。故去彼取此。(72)

勇于敢,则杀。勇于不敢,则活。此两者,或利或害。天之所恶,孰知其故?

天之道，不战而善胜，不言而善应，不召而自来，繟然而善谋。天网恢恢，疏而不漏。（73）

若民恒且不畏死，奈何以杀惧之也？若民恒且畏死而为奇者，吾得而杀之，孰敢？若民恒且必畏死，则恒有司杀者。

夫代司杀者杀，是谓代大匠斫。夫代大匠斫者，希有不伤其手矣。（74）

人之饥，以其取食税之多，是以饥。百姓之不治，以其上之有为，是以难治。民之轻死，以其求生之厚，是以轻死。夫唯无以生为者，是贤于贵生。（75）

天之道，其犹张弓与！高者抑之，下者举之。有余者损之，不足者补之。天之道，损有余而补不足。人之道则不然，损不足以奉有余。孰能有余以奉天下？唯有道者。

是以圣人为而弗有，成功而弗居，其不欲见贤。（77）

天下莫柔弱于水。而攻坚强者，莫之能胜，以其无以易之。弱之胜强，柔之胜刚，天下莫弗知，莫能行。是以圣人云："受邦之垢，是谓社稷主；受邦之不祥，是为天下王。"

正言若反。（78）

和大怨，必有余怨，安可以为善？是以［圣人］执右契，而不责于人。有德司契，无德司彻。天道无亲，恒与善人。（79）

第四部分 《史记》老子事迹钩沉

本书第一部分"老子简历"把关于老子生平的确凿信息基本都介绍了，但具体到他的籍贯、生卒年、事迹、著述过程，大多还是谜团。为了更好地理解《老子》这本书，本篇主要依据《史记》所传寥寥五六百字，结合其他材料，逐件梳理和钩沉老子事迹如下。

一、老子生平

1. 老子，楚苦县厉乡曲仁里人。

苦县厉乡曲仁里，即今天河南省南部鹿邑县太清宫镇。鹿邑东有厉乡，传炎帝后裔所建厉国曾以此为城，古代"厉""赖"语音相通，也作"赖乡""濑乡"。厉乡，夏商时期属豫州。《晋书》卷一四《志第四》："苦东有赖乡祠，老子所生地。"唐《初学记》引东魏崔玄山《濑乡记》："濑乡在（苦）县东南十二里……老子祠在濑乡曲仁里，谯城西出五十里。"唐《艺文类聚》引《赖乡记》："老子祠在赖乡曲仁里，谯城西出五十里，老子平生时教化学仙故处也，汉桓帝修建屋宇，为老子庙。庙北二里，李夫人祠，是老子旧生宅也。"

春秋末楚灭陈，置苦县（《后汉书》苦县条下有注：春秋时曰相，有濑乡）。秦废，属之豫州陈郡。汉初，属之淮阳国。王莽新朝改苦县为赖陵。东汉复为苦县，又在其西置武平县。东汉延熹八年（165），桓帝"遣中常侍左悺之苦县，祠老子"。建安元年，曹操被封武平侯，封国包括武平、苦、柘、阳夏四县。东晋，改苦县为父阳，后又改称谷阳（《魏书》谷阳县条下注：有苦城、阳都坡、老子庙、栾城）。隋开皇年间，武平更名为鹿邑，治所移到今鸣鹿城址。唐高宗改谷阳县为真源县，封老子为太上玄元皇帝。高宗认为太清宫是先祖老子的诞生地，是仙真（道家、道教）的发源地，所以叫"真源"。北宋宋真宗来太清宫朝拜老子，又改真源为"卫真"，意思要捍卫道教真源的发源地。北宋洪适《隶续》说："真源属亳州，今曰卫真，即汉之苦县也。"元代，鹿邑县城为避水灾，东迁与卫真县合并，用鹿邑县为名，以卫真县为城址。2000年6月，鹿邑县改属周口市。

鹿邑今存两处与老子相关主要名胜：一是太清宫，相传为老子的诞生地，东汉桓帝时所建，始名老子庙。唐高祖李渊自认老子后人，派人在汉代老子庙的基础上予以扩建，规模如京城王宫，作为皇室家庙，称太清宫。太清宫西南侧今有濑乡沟，古称"濑水"，又名"濑水沟""濑乡河""濑乡沟"，东南流向涡水。二是明道宫，原名紫极宫，老子传道讲学的纪念性建筑群，也始建于汉，兴盛于唐宋。明道宫有老君台，相传老子修道成仙，在这里飞升，又称升仙台、拜仙台。

20世纪90年代，有人提出老子故里在今天安徽涡阳。涡阳，今属安徽省北部亳州市，与河南鹿邑直线距离不过80公里。主要依据东汉边韶《老子铭》："老子，楚相县人也……相县虚荒，今属苦，故城犹在，在赖乡之东，涡水处其阳。"又曹魏黄初三年《魏修老子庙诏》说："苦县涡水北有老子庙。"断定老子故里在涡水北，今天的鹿邑太清宫在涡水南，所以涡阳人在郑店村重建天静宫，又挖掘古流星园元代遗址，传之为老子出生地。老子故里为涡阳是论者截取多种史料推论而致，还没有进一步解释清楚厉乡所在，存在不少历史断点。他们认定涡水历史上不曾改道，又认定离天静宫最近的河流武家河即《水经注》所谓"谷水"。

仔细阅读《水经注》卷二十三可知：

（阴沟水）东南至沛为涡水。……涡水又东经武平县故城北。（守敬按：《地形志》武平有武平城，在今鹿邑县西四十里。）……涡水又东经苦县西南，分为二水。（守敬按：分于今鹿邑县东南。）枝流东北注于赖城入谷，（守敬按：赖城即下赖乡城。谷水见下，水在今鹿邑县东南。）谓死涡也。涡水又东南屈，经苦县故城南。（守敬按：《地形志》，谷阳有苦城。在今鹿邑县东十里。）《郡国志》曰：春秋之相也。王莽更名之曰赖陵矣。……涡水又东北屈，至赖乡西，谷水注之。……谷水又东经苦县故城中……谷水又东经赖乡城南。(守敬按:《史记·老子传》之厉乡,《正义》厉音赖,即此乡也。《续汉志》,苦县有赖乡。《地形志》,武平有赖乡城,在今鹿邑县东十里。)……谷水自此东入涡水。

涡水又北经老子庙东。庙前有二碑,在南门外。汉桓帝遣中官管霸祠老子,命陈相边韶撰文。……又北,涡水之侧又有李母庙。庙在老子庙北,庙前有李母冢。(会贞按:《寰宇记》,李母坟在真源县东十三里。在今鹿邑县东。)冢东有碑,是永兴元年谯令长沙王阜所立。碑云:老子生于曲涡间。涡水又屈,东经相县故城南(守敬按:《一统志》,秦时故县,非汉沛郡治之相县。《寰宇记》,相县在濑水东。在今鹿邑县东十五里),其城卑小实中。边韶《老子碑》文云:老子,楚相县人也。(阎若璩曰:苦属陈,其时楚未灭陈。皇甫谧《高士传》云:陈人。)相县虚荒,今属苦,故城犹存,在赖乡之东,涡水处其阳。疑即此城也。自是无郭以应之。

涡水又东,经谯县故城北。……涡水又东南,经城父县故城北,沙水枝分注之。……涡水又东南经涡阳城北。(会贞按:《方舆纪要》,涡阳自东晋以后为城守处。盖南北之重镇也,故济、梁与魏相争相夺,史不绝书。今蒙城县治。）

涡水沿岸从西向东依次是：武平县故城（涡水南岸，今天鹿邑县城西 20 公里邱集乡武平城村）——苦县故城（涡水东北岸，城中有谷水经过）——赖乡（谷水西北岸，涡水西岸，老子庙北有李母庙）——相县故城（涡水北岸）——谯县故城（涡水南岸，今亳州古城）——城父县故城（涡水南岸，今亳州市城父镇）——涡阳城（涡水南岸，今蒙城，有庄子祠）。老子故里厉乡/赖乡，大概在司马迁时代隶属于苦县，在边韶时代隶属于相县，但位置无疑在武平县故城东、谯县故城西。而涡阳在谯县故城东南。这片地方春秋时代为楚、陈、宋三国之交，赖乡属于陈国。

周武王灭商，封帝舜后裔妫满于陈，并把自己的长女嫁给了妫满。妫满把陈国都城建在胡襄城，今河南柘城胡襄镇（属商丘市），南临鹿邑；后都宛丘，宛丘，今天周口市东北的淮阳区，鹿邑更偏东北，毗邻安徽省北部。《诗·陈风》有《宛丘》诗，说明这里以舞娱神的巫风一度炽盛。陈国善制作陶器，《老子》一书有"埏埴以为器"这种制陶的比喻。楚庄王称霸，逐鹿中原，趁着陈灵公刚刚即位伐陈。陈灵公荒淫，和几个大夫一起公开与夏姬私通，夏姬的儿子夏征舒不堪其辱，射杀陈灵公，自立为陈侯。楚庄王找到借口再次伐陈，把陈国设为楚国的一个县。申叔时出来劝诫楚庄王，号令天下不可以不义，于是楚庄王让陈灵公的太子复建陈国，这就是陈成公。陈成公从公元前598年—前569年在位三十年，传子哀公，陈哀公从前568年—前534年在位三十五年。哀公曾聘问楚国，希图归附晋国的庆氏兄弟乘机造反。楚康王随即发兵征讨，庆氏筑城以拒，强征役人，引起役人造反，庆氏兄弟被杀。楚康王护送陈哀公归国。哀公晚年因为想废太子，改立爱妾生的儿子，引发内部矛盾。楚灵王乘机派弟弟公子弃疾灭陈，熊弃疾被封陈公。前529年熊弃疾推翻楚灵王自立，这就是楚平王。平王初立，为笼络人心，缓和矛盾，立陈哀公的长孙妫吴为陈国君主，是为陈惠公。陈惠公在位二十三年，死后儿子妫柳立，这就是陈怀公。陈怀公刚上位，就碰上吴国伐楚，攻占楚国都城。踌躇满志的吴王阖闾召见陈怀公，怀公借口生病没有去见吴王。他在位四年后，新即位的吴王夫差再次召见，怀公害怕，不得不前往吴国，被扣留，终死吴国。陈国于是立怀公之子妫越为君，就是陈湣公。湣公二十四年（前478），楚惠王北伐，灭掉陈国。孔子在陈国灭国前一年，前479年去世。

　　陈哀公—陈惠公的时代，肯定是老子所亲历的。老子本是陈国人，但那时陈国已沦为楚国附庸，所以司马迁写老子楚人，也许更实质些。《老子》受楚文化影响是很显然的。南方多水泽，所以老子也多提倡水德，比如"上善若水"。

2. 老子，姓李氏，名耳，字曰聃。

《史记》另本说"字伯阳，谥曰聃"。那个年代姓名字谥都很齐全，让不少读者生疑。《老子铭》说他姓李，字伯阳，样子很老，所以叫老聃。

古代"老""李"字形与字音都相近。老子，古书多作"老聃"，很多学者认为老子姓老。老聃，意思是一个姓老的大耳垂的人。

传说老子母亲因为吃李子而怀老子；又有传说老子母亲在李树下生老子；还有传说老子出生时，开口就能说话，指着门前李树，所以姓李。神仙家的话歧义丛生，传说恰恰说明，老子姓李名耳恐怕是后人附会，因为李这个姓氏晚出，且"老""李"、"耳""聃"字形相近，也许是汉字书写问题。

3. 周守藏室之史。

周守藏室是周朝祖庙宝物、官府档案、图书资料等的守藏之地。《周礼·春官宗伯》："天府掌祖庙之守藏与其禁令。凡国之玉镇、大宝器藏焉。若有大祭、大丧，则出而陈之。既事，藏之。凡官府、乡州及都鄙之治中，受而藏之，以诏王察群吏之治。"《周礼·夏官司马》："司弓矢掌六弓、四弩、八矢之法，辨其名物，而掌其守藏与其出入。"司马贞《索隐》："守藏史，周藏书室之史也。"

《周礼·春官宗伯·叙官》说："职丧，上士二人、中士四人、下士八人、府二人、史四人、胥四人、徒四十人。""天府，上士一人、中士二人、府四人、史二人、胥二人、徒二十人。"所以"史"只是一个专业技术人员。

周守藏室之史，也就是周朝集档案、图书、祭器等于一体的国家综合藏馆的管理员。所以老子虽然地位不高，比"士农工商"的"士"还低微，但对于国史、国礼、各处管理情况都是非常了解的。《礼记·王制》载，"凡执技以事上者：祝史、射御、医卜及百工。凡执技以事上者，不贰事，不移官"，即不得从事其他职业，有了成绩也不会升官。离开自己的服务对象，不能和"士"论辈分序年齿。所以《老子》强调"为而不恃，长而不宰，功成弗居"，恬淡地不谋求升官发财。

4. 孔子适周，将问礼于老子。

老子任职期间，孔子到周朝，向他学习周礼，没想到当世有这个不显山不露水的高人，有"犹龙"之叹。而老莱子与孔子大致同时，也许老莱子也长于孔子，孔子亦曾向老莱子学习过。此事，基本可以推断，老子所处时代比老莱子、孔子稍早。

5. 老子修道德，其学以自隐无名为务。居周久之，见周之衰，乃遂去。

老子修炼道德之术，不求闻达。在洛阳任周守藏室之史，干了很久，见到周朝一天不如一天，于是离开了。

一般认为"周之衰"的标志性事件是公元前520年开始的"王子朝之乱",是年孔子三十一岁。周景王的太子早死,他宠爱庶长子姬朝,想让他接替王位。但自己没来得及安排妥当就死了。过去周朝的规矩是立嫡不立长,立长不立贤。所以这引发了内乱,几个王子打成一片。国人立王子姬猛为王,这就是周悼王。王子姬朝不服,自立为王,攻杀周悼王。晋国人帮助另一个王子姬匄立为王,又攻打姬朝,姬朝被迫臣服,姬匄就是周敬王。敬王在位三年后,姬朝再次作乱,晋定公帮助周敬王稳定局势,姬朝被迫逃到楚国。不甘失败的姬朝和周敬王长期互相攻伐,冲突不断。后来吴王阖闾用伍子胥、孙武攻克楚国国都。楚国没有精力帮助姬朝,周敬王乘机刺杀姬朝,但姬朝余党继续作乱。

前516年,姬朝奔楚的时候,把守藏室的一些典籍等国家宝贝都卷走了。所以很多专家认为老子因此失业,离开洛阳。前476年(一说前477年),周敬王病死。后世史学家以周敬王去世之年作为划分春秋、战国时期的分界点。老子主要生活的年代是周景王在位的二十五年以及周敬王在位的四十多年。老子长寿,所以他也许早年生长于周灵王在位期间。周灵王统治时期,弭兵会盟,晋楚争霸;周景王统治时期,郑国子产新政;周敬王统治时期,吴王夫差与晋定公争霸,田常专齐国国政。

老子略晚于季札，和叔向、晏婴、子产、孙武等大致同时，不过老子的政治地位比他们低得多。老子所属的陈国，是楚国附庸，所以老子楚人说大致成立。有学者精确地说，老子，楚国陈郡相人。这个相，指的是《水经注》所说的相县故城，在今鹿邑东、亳州古城西，并非春秋宋国相邑（今安徽宿州）。

6. 至关，关令尹喜曰："子将隐矣，强为我著书。"于是老子乃著书上下篇，言道德之意五千余言而去，莫知其所终。

关，是什么关？一说，老子离开周朝归居陈国要经过的某城关；或说老子入秦的城关。一个叫喜的令尹把守城关，他给老子说："您要隐居了，请勉强为我写一本书再走吧。"所以老子写了五千多字的《道德经》，分为上下篇。后人不知道老子究竟去哪里了。

关于这个叫喜的令尹，刘向说："喜著书凡九篇，名《关尹子》。"《吕氏春秋》说："老聃贵柔，孔子贵仁，墨翟贵兼，关尹贵清，列子贵虚，陈骈贵齐，阳生贵己，孙膑贵势，王廖贵先，儿良贵后。此十人者，皆天下之豪士也。"《汉书·艺文志》著录《关尹子》九篇。刘向说："关尹子名喜，号关尹子，或曰关令子。隐德行，人易之，尝请老子著《道德经》上下篇。列御寇、庄周皆称道家书，篇皆寓名，有章，章首皆'关尹子曰'四字，篇篇叙异，章章义异。其旨同,辞与《老》《列》《庄》异。其归同,浑质崖戾,汪洋大肆,然有式则,使人泠泠轻轻,不使人狂。盖公授曹相国参,曹相国薨,书葬。"

庄子将关尹子与老子并列为"古之博大真人"。《庄子·寓言》说:"老聃西游于秦。"《庄子·养生主》还说:"老聃死,秦佚吊之,三号而出。"意思是,老子后来去了秦国。死后,有个叫秦佚的朋友来吊唁,只是象征性嚎三声就出来了。他说:"向吾入而吊焉,有老者哭之,如哭其子;少者哭之,如哭其母。彼其所以会之,必有不蕲言而言,不蕲哭而哭者,是遁天倍情,忘其所受,古者谓之遁天之刑。适来,夫子时也;适去,夫子顺也。安时而处顺,哀乐不能入也。"

今天西安市西七十多公里,周至县东南大陵山,就峪河西岸有老子墓。《水经注》说:"就水注之,水出南山就谷,北径大陵西,世谓老子墓。"大陵山山顶的"吾老洞",相传是老子晚年生活的地方。老子晚年在秦,合乎逻辑,因为周的发祥地在秦,秦国自秦景公以来一直比较消停。秦景公,前577到前537年在位,近四十年。1986年陕西凤翔公开秦公一号大墓,气势非常,面积5000平方米,有186具活人殉葬尸骨,豪华棺椁内有黄肠题凑,享受着天子的待遇,他把自己的天下梦深深地藏起来。因为晋国强大难与争锋,秦的策略是联楚制晋。秦景公把自己的妹妹嫁给了楚共王。其后秦哀公（前 536—前 501 在位，三十六年）又嫁女儿伯嬴给楚平王的太子建。楚平王见伯嬴如此漂亮，就留给了自己，并逼死太子建及太傅伍奢。伍奢的儿子伍子胥被迫逃亡吴国。伯嬴生下太子珍。太子珍即位，即楚昭王。后来伍子胥引吴军攻打楚国，占领楚国都城。秦哀公发兵帮助外甥楚昭王复国。秦哀公死后，秦惠公、秦悼公连续百余年都没有什么大动静，秦悼公死后战国就开始了。

7. 老子之子名宗，宗为魏将，封于段干。宗子注，注子宫，宫玄孙假，假仕于汉孝文帝。而假之子解为胶西王卬太傅，因家于齐焉。

老子的儿子李宗，做过魏的将领，曾经受封在段和干这个地方。李宗的儿子叫李注，李注的儿子叫李宫，李宫的玄孙叫李假，在汉文帝的时候出来做了官。李假的儿子李解做了胶西王刘卬的太傅，胶西国都城在齐地高密，李解把家搬到了齐地去了。

这段记载有疑点：第一，公元前 403 年，魏与赵、韩一起才被正式封为诸侯，是孔子死去七十多年后的事情。其时，晋国魏氏手下的将领能不能说是魏将？尤其是魏献子手下将领是否可以叫魏将。魏献子前 514 年开始主晋国国政，是年，叔向的儿子、祁侯的孙子在国君面前相互诋毁，被同时灭族。第二，李宗是不是战国初期魏国的段干木？段干木，是孔子弟子子夏的弟子，也就是说老子的儿子是孔子的徒孙，是否可能？第三，玄孙究竟是孙子的孙子，还是不确指辈分的远孙。

二、老子与老莱子、周太史儋

司马迁《老子韩非列传》载：

> 或曰：老莱子亦楚人也，著书十五篇，言道家之用，与孔子同时云。盖老子百有六十余岁，或言二百余岁，以其修道而养寿也。自孔子死之后百二十九年，而史记周太史儋见秦献公曰："始秦与周合，合五百岁而离，离七十岁而霸王者出焉。"或曰儋即老子，或曰非也，世莫知其然否。老子，隐君子也。

司马迁这里记载了楚国人老莱子，大概是因为老莱子也多道家言，是老子思想的同道，又与孔子同时。司马迁立传，同类相并本是常例，此处很明确地说了老莱子著书十五篇，绝非著五千言上下篇的老子。《史记·仲尼弟子列传》也明确将两个人分开，说："孔子之所严事：于周则老子；……于楚，老莱子。"

因为老子是隐君子，资料有限，故有多种"或曰"，以疑传疑地姑存一说。老聃、老莱子、周太史儋，也许都曾经被称为老子，但本是三人，老莱子、周太史儋与《老子》

一书无关。我们今天说老子，指老聃。

"盖老子百有六十余岁，或言二百余岁"，一个"盖"字，表明是揣测之辞，也是姑存一说。老子作为祝史，过去作为技艺家，据说不得改行。像坚持记载"崔杼弑其君"的太史和他的三个弟弟都据实直书，后世司马谈和司马迁，班彪和班固、班超、班昭相继，兄弟相及或者几代人做史，事业相承。老子家族地位不高，其人本来长寿，姓名难考。他们家族绵延一百六十年，或者二百年更在情理之中。这未必是老聃一个人活到了惊人的一百六十多岁或者二百多岁。

孔子死后一百二十九年，有周太史儋见秦献公。这个"儋即老子"，大概是职位相近，也是"或曰"，有的人如此说，大家不知道对不对。史存此说，一是存传说，他和著五千言的老子本来就没有关系；二是佐证"老子，隐君子也"，既然老子自己乐于隐，隐与俗世，其事能确知者本来就不多。

胡适讲中国哲学史，截断众流，从老子开始，他认为："老子比孔子（前551—479）至多不过大二十岁，大约生于周灵王的初年，当西历前570年左右。……老子即享高寿，至多不过活了九十多岁罢了。"这为大多数学者所采信，基本上把老子的生活年代定在公元前571—471年。一些族谱和后出典籍将老子生年定为周定王三年（前604），也可以作为一种神乎其事的俗说吧。詹剑峰先生比较众说，认为："老子活动的年代，约在公元前571年至公元前477年这近百年之间。"

三、关于老子的思想与传承

《史记·太史公自序》说："李耳无为自化，清静自正；韩非揣事情，循势理。作《老子韩非列传》第三。"此前引父亲司马谈《论六家之要指》说：

> 道家使人精神专一，动合无形，赡足万物。其为术也，因阴阳之大顺，采儒墨之善，撮名法之要，与时迁移，应物变化，立俗施事，无所不宜，指约而易操，事少而功多。……道家无为，又曰无不为，其实易行，其辞难知。其术以虚无为本，以因循为用。无成势，无常形，故能究万物之情。不为物先，不为物后，故能为万物主。有法无法，因时为业；有度无度，因物与合。故曰："圣人不朽，时变是守。虚者道之常也，因者君之纲也。"群臣并至，使各自明也。其实中其声者谓之端，实不中其声者谓之窾。窾言不听，奸乃不生，贤不肖自分，白黑乃形。在所欲用耳，何事不成。乃合大道，混混冥冥，光耀天下，复反无名。凡人所生者神也，所托者形也。神大用则竭，形大劳

则敝,形神离则死。死者不可复生,离者不可复反,故圣人重之。由是观之,神者生之本也,形者生之具也。不先定其神形,而曰"我有以治天下",何由哉?

老子的师承不可考,《淮南子·缪称训》说:"老子学商容,见舌而知守柔矣。"刘向《说苑·敬慎》说,"常摐有疾,老子往问焉",留下了"舌存齿亡"的成语典故。皇甫谧《高士传》也有老子问疾条,归之于商容。商容、常摐,发音相近,大概是一个人,异文不同,正是传说本色。

老子授业难以可考,曾向老子问学的人,庄子提到孔子、阳子居(杨朱)、柏矩、庚桑楚、崔瞿、士成绮等。这些人加上关尹子大概是初期老学传人。《史记》将庄子、申不害、韩非与老子并于一传,认为庄子"本归于老子之言",申不害、韩非"本于黄老";还将稷下学派的彭蒙、田骈、慎到、环渊、接子等归诸黄老。班固《汉书·艺文志》又认为,稷下学派的宋钘、尹文也大略学老子。荀子学于宋钘,韩非、李斯学于荀子。《文子》一书说文子问道于老子,有大量的"老子曰"。《汉书·艺文志》也确定,文子、计然是老子弟子。计然传范蠡。初期问学老子有记载的这七八人外,大多都是本无师徒关系的精神传承。即使曾从老子亲炙,也未必是所谓纯道家。

《老子》一书,有道德,也有刑名、阴阳、兵法,还有存身修养之术,当它进入公共领域,后学各取其意以立说。

1993年郭店楚简《老子》出土，说明老子语录不单有口头传承，起码在战国中期已经有文本流传。

四、老子与孔子的对话

> 孔子适周，将问礼于老子。老子曰："子所言者，其人与骨皆已朽矣，独其言在耳。且君子得其时则驾，不得其时则蓬累而行。吾闻之，良贾深藏若虚，君子盛德容貌若愚。去子之骄气与多欲，态色与淫志，是皆无益于子之身。吾所以告子，若是而已。"孔子去，谓弟子曰："鸟，吾知其能飞；鱼，吾知其能游；兽，吾知其能走。走者可以为罔，游者可以为纶，飞者可以为矰。至于龙，吾不能知，其乘风云而上天。吾今日见老子，其犹龙邪！"

老子、孔子，春秋时代两个伟大思想家的相遇与对话，引起后人无限兴味。《礼记·曾子问》记载孔子四次说"吾闻诸老聃"，其一说：

> 昔者吾从老聃助葬于巷党，及堩，日有食之。老聃曰："丘！止柩，就道右，止哭以听变。"既明反而后行，曰："礼也。"

巷党，一般学者认为是在鲁国。孔子曾经在一个葬礼上给老子做过助手，老子给他解释过一些关于丧葬的礼仪。大概由此可推测这是孔子早年初次见到老子。《老子铭》说"孔子以周灵王二十年生,到景王十年,年十有七,学礼于老聃",《水经注·渭水注》也说"孔子年十七,问礼于老子",估计是指这次初见,周景王十年、孔子年十七当在公元前535年左右。

关于老子、孔子的对话,《庄子》所述犹多。庄子,宋国蒙人。蒙地何在?主流说法是今天河南商丘,另有一说是安徽蒙城。前者在鹿邑北,后者在鹿邑东南,距离鹿邑都一百七十公里左右。庄子与老子生活地域相近,时代相差大概二百年,《庄子》所载未可认为是空穴来风。其所载关于老子、孔子对话主要有:

(一)《天道》篇

孔子西藏书于周室。子路谋曰:"由闻周之征藏史有老聃者,免而归居。夫子欲藏书,则试往因焉。"……往见老聃,而老聃不许,于是翻十二经以说。老聃中其说,曰:"大谩,愿闻其要。"

孔子曰:"要在仁义。"

老聃曰:"请问:仁义,人之性邪?"

孔子曰:"然。君子不仁则不成,不义则不生。仁义,真人之性也,又将奚为矣?"

老聃曰:"请问:何谓仁义?"

孔子曰:"中心物恺,兼爱无私,此仁义之情也。"

> 老聃曰："意，几乎后言！夫兼爱，不亦迂乎！无私焉，乃私也。夫子若欲使天下无失其牧乎？则天地固有常矣，日月固有明矣，星辰固有列矣，禽兽固有群矣，树木固有立矣。夫子亦放德而行，循道而趋，已至矣。又何偈偈乎揭仁义，若击鼓而求亡子焉？意，夫子乱人之性也！"

子路所谓"免而归居"，老子也许曾经被免官，大概回陈国待了一段时间。孔子在陈三年，是有机会见到老子的。又有学者认为"免"当是"晚"（"大器（免）[晚]成"），那么，也有一种可能是，老子离开周朝后，先回到家乡，在沛地等逗留过，由陈，经过梁，入秦。

王子朝乱起，孔子三十一岁左右，不太可能起意去洛阳观周朝藏书。《史记·孔子世家》所载孔子和南宫敬叔到洛阳见老子，应该在乱发之前。或者王子朝之乱后，周朝重建守藏室，孔子好奇想看看新建的守藏室也未可知。那么孔子入周，时间应该在周敬王前503年回都之后，老子再度复职期间。这时候，孔子五十岁左右。《庄子》说："孔子行年五十有一而不闻道，乃南之沛见老聃。"亦可推测，前500年左右老子见事无可为，再度离开洛阳，开始彻底的归隐生涯。

老子和孔子此次对话，主要是关于仁义的对话，老子认为讲仁义太迂腐了，对应《史记》所谓"子所言者，其人与骨皆已朽矣,独其言在耳"。老子鲜明提出仁义扰乱了人之本性,和今本老子所谓"大道废,有仁义""绝仁弃义"意思相近。

(二)《天地》篇

夫子问于老聃曰:"有人治道若相放,可不可,然不然。辩者有言曰:离坚白,若县寓。若是则可谓圣人乎?"

老聃曰:"是胥易技系、劳形怵心者也。执留之狗成思,猿狙之便自山林来。丘,予告若而所不能闻与而所不能言:凡有首有趾、无心无耳者众;有形者与无形无状而皆存者尽无。其动,止也;其死,生也;其废,起也。此又非其所以也。有治在人,忘乎物,忘乎天,其名为忘己。忘己之人,是之谓入于天。"

应和老子无名的观点,"忘乎物,忘乎天",其实也就是"为而不恃,长而不宰,功成而不居",就是"忘己","忘己之人,是之谓入于天",也就是"及吾无身,又有何患"。

(三)《田子方》篇

孔子见老聃,老聃新沐,方将被发而干,慹然似非人。孔子便而待之。少焉见,曰:"丘也眩与?其信然与?向者先生形体掘若槁木,似遗物离人而立于独也。"

老聃曰:"吾游心于物之初。"

孔子曰:"何谓邪?"

曰:"心困焉而不能知,口辟焉而不能言。尝为汝议乎其将:至阴肃肃,至阳赫赫。肃肃出乎天,赫赫发乎地。两者交通成和而物生焉,或为之纪而莫见其形。消息满虚,一晦一明,日改月化,日有所为,而莫见其功。生有所乎萌,死有所乎归,始终相反乎无端,而莫知其所穷。非是也,且孰为之宗!"

孔子曰:"请问游是。"

老聃曰:"夫得是,至美至乐也。得至美而游乎至乐,谓之至人。"

孔子曰:"愿闻其方。"

曰:"草食之兽,不疾易薮;水生之虫,不疾易水。行小变而不失其大常也,喜怒哀乐不入于胸次。夫天下也者,万物之所一也。得其所一而同焉,则四支百体将为尘垢,而死生终始将为昼夜而莫之能滑,而况得丧祸福之所介乎!弃隶者若弃泥涂,知身贵于隶也,贵在于我而不失于变。且万化而未始有极也,夫孰足以患心!已为道者解乎此。"

孔子曰:"夫子德配天地,而犹假至言以修心,古之君子孰能脱焉?"

老聃曰:"不然。夫水之于汋也,无为而才自然矣。至人之于德也,不修而物不能离焉。若天之自高,地之自厚，日月之自明，夫何修焉！"

孔子出，以告颜回，曰："丘之于道也，其犹醯鸡与！微夫子之发吾覆也，吾不知天地之大全也。"

这次对话的核心是"至人"。

(四)《知北游》篇

孔子问于老聃曰："今日晏闲，敢问至道。"

老聃曰："汝齐戒疏瀹而心，澡雪而精神，掊击而知。夫道，窅然难言哉！将为汝言其崖略。夫昭昭生于冥冥，有伦生于无形，精神生于道，形本生于精，而万物以形相生。故九窍者胎生，八窍者卵生。其来无迹，其往无崖，无门无房，四达之皇皇也。邀于此者，四肢强，思虑恂达，耳目聪明。其用心不劳，其应物无方。天不得不高，地不得不广，日月不得不行，万物不得不昌，此其道与！且夫博之不必知，辩之不必慧，圣人以断之矣！若夫益之而不加益、损之而不加损者，圣人之所保也。渊渊乎其若海，巍巍乎其终则复始也。运量万物而不匮，则君子之道，彼其外与！万物皆往资焉而不匮，此其道与！中国有人焉，非阴非阳，处于天地之间，直且为人，将反于宗。自本观之，生者暗醷物也。虽有寿夭，相去几何？须臾之说也，奚足以为尧桀之是非！果蓏有理，人伦虽难，所以相齿。圣人遭之而不违，过之而不守。调而应之，德也；偶而应之，道也。帝之所兴，王之所起也。人生天地之间，若白驹之过郤，忽然而已！注然勃然，莫不出焉；油然漻然，莫不入焉。已化而生，又化而死，生物哀之，人类悲之。解其天弢，堕其天袠，纷乎宛乎，魂魄将往，乃身从之，乃大归乎！不形之形，形之不形，是人之所同知也，非将至之所务也，此众人之所同论也。彼至则不论，论则不至。明见无值，辩不若默。道不可闻，闻不若塞。此之谓大得。"

老聃闲居时与孔子说"至道"。

(五)《天运》篇

孔子行年五十有一而不闻道，乃南之沛见老聃。老聃曰："子来乎？吾闻子，北方之贤者也，子亦得道乎？"

孔子曰："未得也。"

老子曰："子恶乎求之哉？"

曰："吾求之于度数，五年而未得也。"

老子曰："子又恶乎求之哉？"

曰："吾求之于阴阳，十有二年而未得。"

老子曰："然。使道而可献，则人莫不献之于其君；使道而可进，则人莫不进之于其亲；使道而可以告人，则人莫不告其兄弟；使道而可以与人，则人莫不与其子孙。然而不可者，无佗也，中无主而不止，外无正而不行。由中出者，不受于外，圣人不出；由外入者，无主于中，圣人不隐。名，公器也，不可多取。仁义，先王之蘧庐也，止可以一宿而不可以久处，觏而多责。古之至人，假道于仁，托宿于义，以游逍遥之虚，食于苟简之田，立于不贷之圃。逍遥，无为也；苟简，易养也；不贷，无出也。古者谓是采真之游。以富为是者，不能让禄；以显为是者，不能让名；亲权者，不能与人柄。操之则栗，舍之则悲，而一无所鉴，以窥其所不休者，是天之戮民也。怨、恩、取、与、谏、教、生、杀，八者正之器也，唯循大变无所湮者为能用之。故曰：正者，正也。其心以为不然者，天门弗开矣。"

孔子见老聃而语仁义。老聃曰："夫播穅眯目，则天地四方易位矣；蚊虻噆肤，则通昔不寐矣。夫仁义憯然，乃愤吾心，乱莫大焉。吾子使天下无失其朴，吾子亦放风而动，总德而立矣，又奚杰然若负建鼓而求亡子者邪？夫鹄不日浴而白，乌不日黔而黑。黑白之朴，不足以为辩；名誉之观，不足以为广。泉涸，鱼相与处于陆，相呴以湿，相濡以沫，不若相忘于江湖。"

孔子见老聃归，三日不谈。弟子问曰："夫子见老聃，亦将何归哉？"孔子曰："吾乃今于是乎见龙！龙，合而成体，散而成章，乘乎云气而养乎阴阳。予口张而不能嗋，予又何规老聃哉！"

……

孔子谓老聃曰："丘治《诗》《书》《礼》《乐》《易》《春秋》六经，自以为久矣，孰知其故矣：以奸者七十二君，论先王之道而明周、召之迹，一君无所钩用。甚矣夫人之难说也，道之难明邪！"

老子曰："幸矣子之不遇治世之君也！夫六经，先王之陈迹也，岂其所以迹哉！今子之所言，犹迹也。夫迹，履之所出，而迹岂履哉？夫白鶂之相视，眸子不运而风化；虫，雄鸣于上风，雌应于下风而风化。类自为雌雄，故风化。性不可易，命不可变，时不可止，道不可壅。苟得于道，无自而不可；失焉者，无自而可。"

孔子不出三月，复见，曰："丘得之矣。乌鹊孺，鱼傅沫，细要者化，有弟而兄啼。久矣夫丘不与化为人！不与化为人，安能化人！"

老子曰："可。丘得之矣！"

（六）《寓言》篇

阳之居南之沛，老聃西游于秦，邀于郊，至于梁而遇老子。老子中道仰天而叹曰："始以汝为可教，今不可也。"

阳子居不答。至舍，进盥漱巾栉，脱屦户外，膝行而前曰："向者弟子欲请夫子，夫子行不闲，是以不敢。今闲矣，请问其过。"

　　老子曰："而睢睢盱盱，而谁与居？大白若辱，盛德若不足。"（《列子》有类似记载，"阳之居"作"杨朱"。）

庄子明确孔子知天命之后才在老子那里领略什么是道。孔子年五十一，当是公元前501年左右，无疑是老子晚年了。老子出关之前，大概在沛地逗留过。谯县故城已经属于沛，离老子的老家厉乡很近，在陈宋之间。

以上材料说明孔子见老子，不止一次，起码在鲁、陈、周、沛四地见过。也许助葬巷党，孔子初次近距离接触了老子，老子的博学多识让孔子惊叹，所以他在老子任职期间，和南宫敬叔一起赴周见老子问礼。或者他又曾去周室观看藏书，拜望过免官闲居的老子，讨论关于仁义的话题。老子离开周室，曾游过沛地等，年逾五十的孔子再次拜问老子，这最后的会话讨论的是至人、至道。

后记

第一次读《老》，是在三十年前了，读的是陈鼓应先生的《老子注译及评介》。不久听闻文献专业的同学说，这是他们的反面教材。那时候一介本科生，读读注译，食而不知其味，只是对于老子的兴趣算留下了。二十年前发愿再读《老》，算略知门径，便把王弼注《老子》（《老子　列子》，王弼、张湛注，上海古籍出版社1989年版）、朱谦之《老子校释》、马叙伦《老子校诂》、《马王堆汉墓帛书：老子》（马王堆汉墓帛书整理小组编，文物出版社1976年版）、高明《帛书老子校注》等几种拿来对照读，但很多问题还是搞不懂，看几本阐释性的作品仍然不明所以，直到看了高亨《老子正诂》、徐梵澄《老子臆解》，似乎若有所悟。随后在李零老师的课堂上，听说郭店楚简挖出《老子》来，他讲了"绝仁弃义"章"绝伪弃诈"的问题，他不赞成高明先生用强大的训诂学知识把郭店楚简本《老子》训得和马王堆帛书本《老子》差不多，记得他说，这样训诂会让郭店楚简白挖了。极大期待中，我等来李零《郭店楚简校读记》、丁四新《郭店楚竹书〈老子〉校注》，一气读完，又开始怀疑《老子正诂》《老子臆解》的诸多论断了，于是重归于糊涂。

工作后，因为策划"大家小书"，陆陆续续读了梁启超《老子哲学》、詹剑锋《老子其人其书及其道论》等作品。又因为策划"名典名选"，也曾问过楼宇烈先生是否可以给

《老子》做一个注本，他说："《老子》定本都没有呢。"近年又读到尹振环《大家读〈老子〉》等当代注本。听说裘锡圭先生《老子今研》出版，喜出望外，买来发现居然仅仅是几篇论文的合集。

以上缕述自己的读《老》终归糊涂的历程，是为了交代我的参考资源。我真正对老子发生格外的兴趣，其实是因为开始喜欢写点历史，尤其是写完《一朝二三事》之后，对于中国历史周期率想刨个究竟，最后找到了《老子》。我认为中国的历史哲学在这里，或者说中国传统政治哲学也在这里，后来读李泽厚《中国古代思想史论》发现也有类似的观点。章太炎认定道家源出史官，《老子》亦多政治语。做一个明白人，很难很难，如果不去和伟大的经典对话，普通悟性者根本不可能是明白人。所以我开始重新一字一字抠着读《老子》，以打发自己要知天命的烦懑。平时没有整块时间，恰好《老子》一章章很短，容易背诵。然后用零碎时间不断琢磨，结合自己其他所读所闻，以及半百的经历，如切如磋。

本来我想努力还原《老子》本义，毕竟有了郭店楚简本、马王堆帛书本、北大藏西汉竹书本等众多新材料，但写着写着，觉得那些所谓被误解的传统才是真正的传统，何苦再翻烙饼？还原《老子》大概对研究《老子》源流，研究先秦思想史有重大意义，而普通读者也就囫囵把《老子》看通顺就可以了。不求甚解，乃读书常情。所以我的追求，不是学术的，仅仅是借出土新文献努力给那些想读《老子》的同好一个易解的读本罢了。我努力尽量用版本的异同校正王弼本，注释极少采用让人迷惑的通假字和借字，尽量采用字词本义解决问题。希望同好分享之，不会觉得《老子》很玄虚，能有亲切感，它的的确确对我们了解中国历史、了解中国传统政治大有启发，对我们了解自己的人生选择和现实处境也大有助益。当然很多问题不易说透，所以还是用了很多文言文的直引，请读者谅解。因为我不能说出比那些直接引用的文字更好的白话来，因此本书仍然有一点阅读门槛，不是平白如鸡汤的，请读者见谅。再说，我认为，读经典，总要有点攻坚克难的勇气，很多文言经典翻译为白话就只能单面化，甚至陷入谬误了，所以我会不时把各种不同见解摆在注里让读者自择。

我给自己的书命名《老子大不肖》，因为它的确有些四不像，也不想和什么东西像。当然，不肖，总会让人想起和"孝子贤孙"相反的那层意思来，也许这也是我所期待的，期待读者对中国优秀传统文化仔细看看，一棍子打死固然颟顸，照单全收盲目"先前阔"也实在贻害无穷。我期待读者从这里能看出《老子》的利弊两端，以警醒我们的日常生活和当下思考。

另，我不是学哲学的，也不是搞古典文献的，仅是一介愿意读书以自处的人。所以写完这本小册子总怕有大差池，写来兴冲冲，写完竟似乎什么也没说，反复修改，越改越心虚。索性交给几个专业朋友审一下，也照他们的意见作了不少完善。谨致谢忱，姑隐其名，为的本书万一被苛责，不致连累好心的师友。其事在我，其责在我，是否有功读者说了算。如果有功，赏与不赏，时间说了算。

　　《老子》很短，但注说《老子》的作品实在太多，你说，我说，至多一说。本书偏于用先秦两汉的历史与传统政治解读老子，并不是否认老子形而上的哲学指向，愿意在永恒、无限等方面领略老子的读者，略之可也。

蒙木

2022年4月6日清明夜